A-Z CANTERBURY, MARGATE, RAMSGATE &

CW00504556

NORTH SEA

MARGATE
Westgate on Sea 2 3 4 5 Cliftonville 6 7
Birchington
WHITSTABLE 8 9 10 11
HERNE BAY 12 13 14 15 16 17 18 19 20 21 22 23
Herne
St. Nicholas at Wade
Manston Airport
Manston
BROADSTAIRS
South Street
Chestfield
24 25 Yorkletts
26 27 Minster
28 29 Cliffsend
30 31 RAMSGATE
Dargate
Hersden
Richborough Port
Blean 32 33 Sturry 34 35
CANTERBURY
36 37 38 39 Patrixbourne
Boughton under Blean
Littlebourne
Ash
40 SANDWICH
Wingham
Woodnesborough
Chartham
Bridge
Eastry
Ham
Chilham
Sholden
Aylesham
DEAL
A2 A28 A290 A291 A256 A257 A258 B2046 B2068

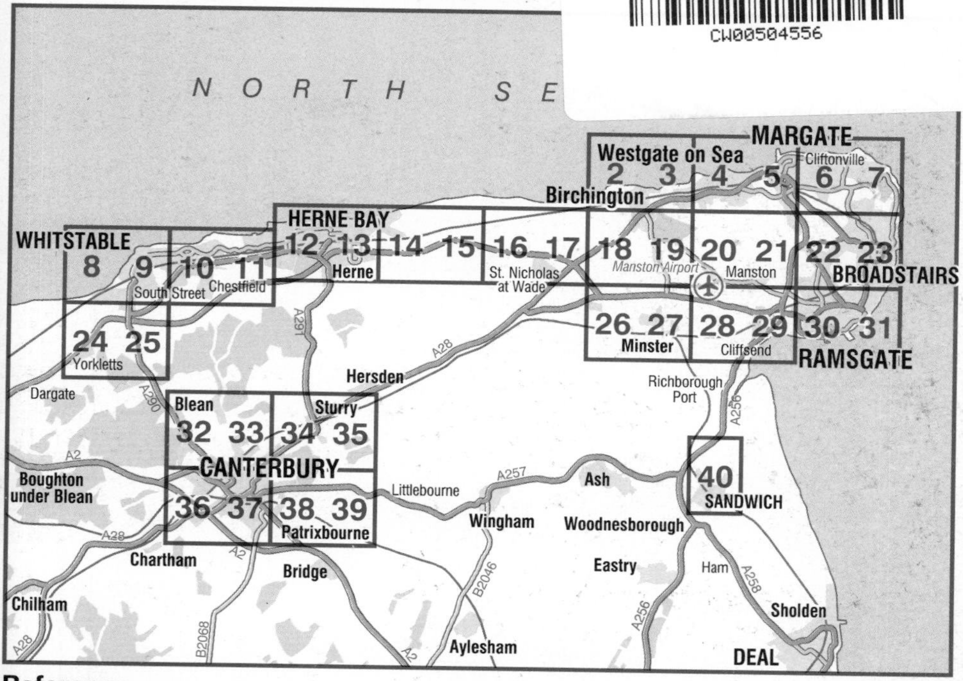

Reference

A Road	A28
Under Construction	
B Road	B2052
Dual Carriageway	
Tunnel	A299
One Way Street Traffic flow on A Roads is also indicated by a heavy line on the drivers' left	→
Pedestrianized Road	
Restricted Access	
Track & Footpath	
Residential Walkway	
Railway	Tunnel, Level Crossing, Station
Built Up Area	HIGH STREET
Local Authority Boundary	
Posttown Boundary	
Postcode Boundary within Posttown	
Map Continuation	8
Car Park selected	P
Church or Chapel	†
Cycle Route	
Fire Station	■
Hospital	H
House Numbers A & B Roads only	79 24
Information Centre	i
National Grid Reference	635
Police Station	▲
Post Office	★
Toilet with facilities for the Disabled	

Scale 1:15,840

0 ¼ ½ ¾ Mile
0 250 500 750 Metres 1 Kilometre

4 inches to 1 mile or 6.31 cm to 1 km

Geographers' A-Z Map Company Limited

Head Office: Fairfield Road, Borough Green, Sevenoaks, Kent, TN15 8PP
Telephone 01732 781000 (General Enquiries & Trade Sales)

Showrooms: 44 Gray's Inn Road, London, WC1X 8HX
Telephone 020 7440 9500 (Retail Sales)

www.a-zmaps.co.uk

Edition 1 1998 Edition 1A (Part Revision) 2000

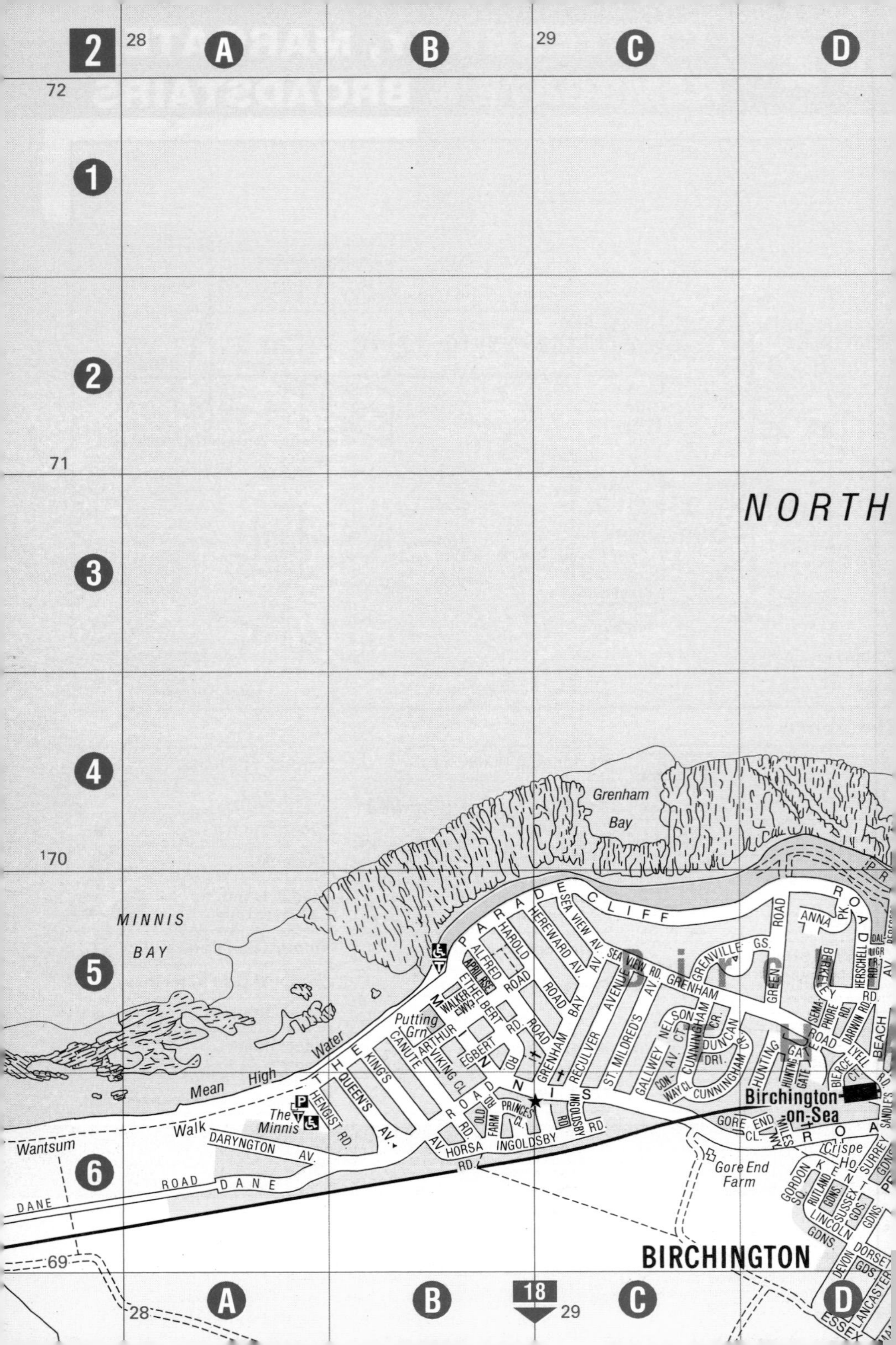

28
A
B
29
C
D
72
1
2
71
NORTH
3
4
Grenham
Bay
170
MINNIS
BAY
5
PARADE
CLIFF
SEA VIEW AV.
HEREWARD AV.
HAROLD
ROAD
ALFRED
APRIL RISE
ETHELBERT
RD.
WALKER
ROAD
BAY
AV.
SEA VIEW RD.
GRENHAM
GRENVILLE GS.
ROAD
ANNA PK
ROAD
BERKELEY
HERSCHELL
SEMAPHORE
ROAD
DARWIN RD.
LYELL
BEACH
RD.
Putting Grn
ARTHUR
CANUTE
KING'S
VIKING CL.
EGBERT
RD.
GRENHAM
RECULVER
AVENUE
ST. MILDRED'S
AV.
GALLWEY
NELSON
AV. CT.
CUNNINGHAM
CR.
DUNCAN
DRI.
CUNNINGHAM CR.
CON-WAY CL.
CUNNINGHAM
HUNTING
HUNTING GATE
GATE
BIERCE CT.
Water
THE
QUEEN'S
AV.
High
Mean
HENGIST RD.
The Minnis
Walk
DARYNGTON AV.
MINNIS
ROAD
OLD FARM
PRINCES CL.
RD.
INGOLDSBY RD.
AV.
HORSA
INGOLDSBY
RD.
Birchington-on-Sea
GORE END CL.
MILES WAY
ROAD
Crispe Ho.
Wantsum
6
ROAD
DANE
DANE
Gore End Farm
GORDON SQ.
RUTLAND GDNS.
KENT
SUSSEX GDS.
LINCOLN GDNS.
SURREY GDNS.
GDNS.
DORSET
DEVON GDS.
BIRCHINGTON
69
LANCASTER
ESSEX
A
B
29
C
D
28

18

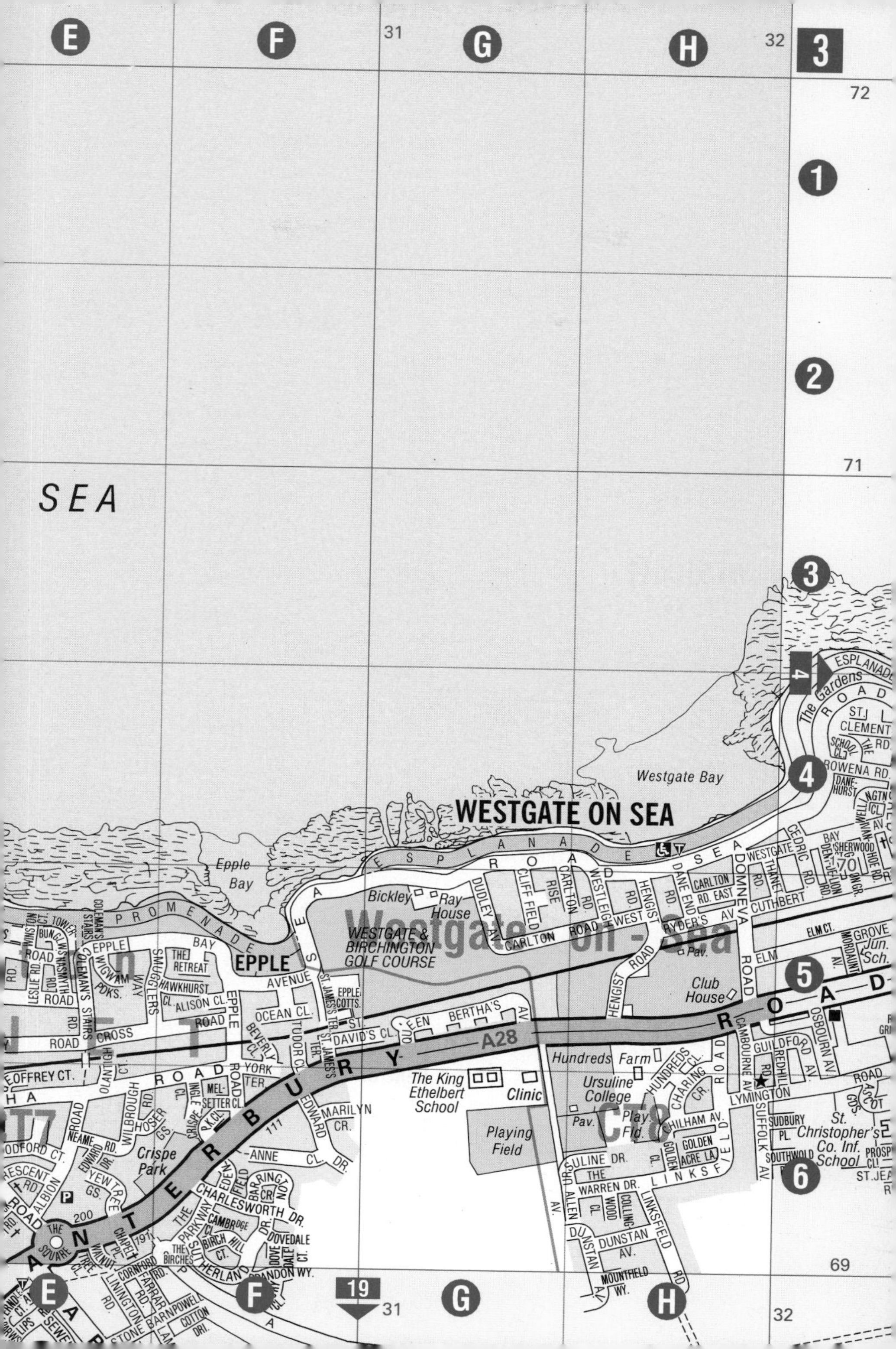
E
F
31
G
H
32
72
1
2
71
SEA
3
4
ESPLANADE
The Gardens
ROAD
ST. CLEMENT'S
SCHOOL CL.
ROWENA RD.
DANEHURST
Westgate Bay
WESTGATE ON SEA
ESPLANADE
SEA ROAD
Epple Bay
PROMENADE
Bickley
Ray House
DUDLEY AV.
CLIFF FIELD
RISE
CARLTON RD.
WESTLEIGH RD.
HENGIST RD.
DANE END RD.
CARLTON RD. EAST
DOMNEVA ROAD
WESTGATE
THANET RD.
CEDRIC RD.
CUTHBERT
RYDER'S AV.
WEST
CARLTON ROAD
WESTGATE & BIRCHINGTON GOLF COURSE
Westgate-on-Sea
EPPLE
EPPLE BAY AVENUE
HENGIST ROAD
Pav.
Club House
ELM
ELM CT.
GROVE
Jun. Sch.
MORDAUNT AV.
5
A28
CANTERBURY ROAD
QUEEN BERTHA'S AV.
ST. DAVID'S CL.
ST. JAMES'S TER.
EPPLE COTTS.
OCEAN CL.
TUDOR CL.
BEVERLY CL.
YORK TER.
Hundreds Farm
HUNDREDS CL.
CHARING CR.
CAMBOURNE AV.
GUILDFORD AV.
OSBOURN AV.
REDHILL RD.
LYMINGTON
SUFFOLK AV.
The King Ethelbert School
Clinic
Ursuline College
CT8
Pav.
Play Fld.
CHILHAM AV.
GOLDEN ACRE LA.
LINKSFIELD
Playing Field
ULINE DR.
THE
WARREN DR.
WOOD
COLLING
ALLEN AV.
DUNSTAN AV.
MOUNTFIELD WY.
LINKSFIELD RD.
SUDBURY PL.
SOUTHWOLD
St. Christopher's Co. Inf. School
ASCOT GDS.
6
69
EDWARD CR.
MARILYN CR.
ANNE CL.
DR.
111
COLEMAN'S STAIRS
TOWER BUNGLWS.
WINSTON CT.
NASMYTH RD.
LESLIE RD.
ROAD
EPPLE
WIGWAM PDKS.
SMUGGLERS WAY
THE RETREAT
HAWKHURST CL.
ALISON CL.
EPPLE ROAD
CROSS ROAD
GEOFFREY CT.
ROAD
WILBROUGH RD.
HOSER GS.
INGLE CL.
MELSETTER CL.
CRISPE PK. CL.
CT7
NEAME RD.
EDWARD DR.
YEWTREE GS.
Crispe Park
EDENFIELD
BARRINGTON CR.
CHARLESWORTH DR.
THE PARKWAY
CAMBRIDGE CL.
BIRCH HILL CT.
DOVEDALE CT.
DOVE DALE
THE BIRCHES
SUTHERLAND
BRANDON WY.
CHAPEL PL.
CORNFORD RD.
FARRAR RD.
LININGTON RD.
BARNPOWELL
COTTON DR.
THE SQUARE
200
191
ALBION RD.
CRESCENT RD.
OODFORD CT.
P
19
31
E
F
G
H
32

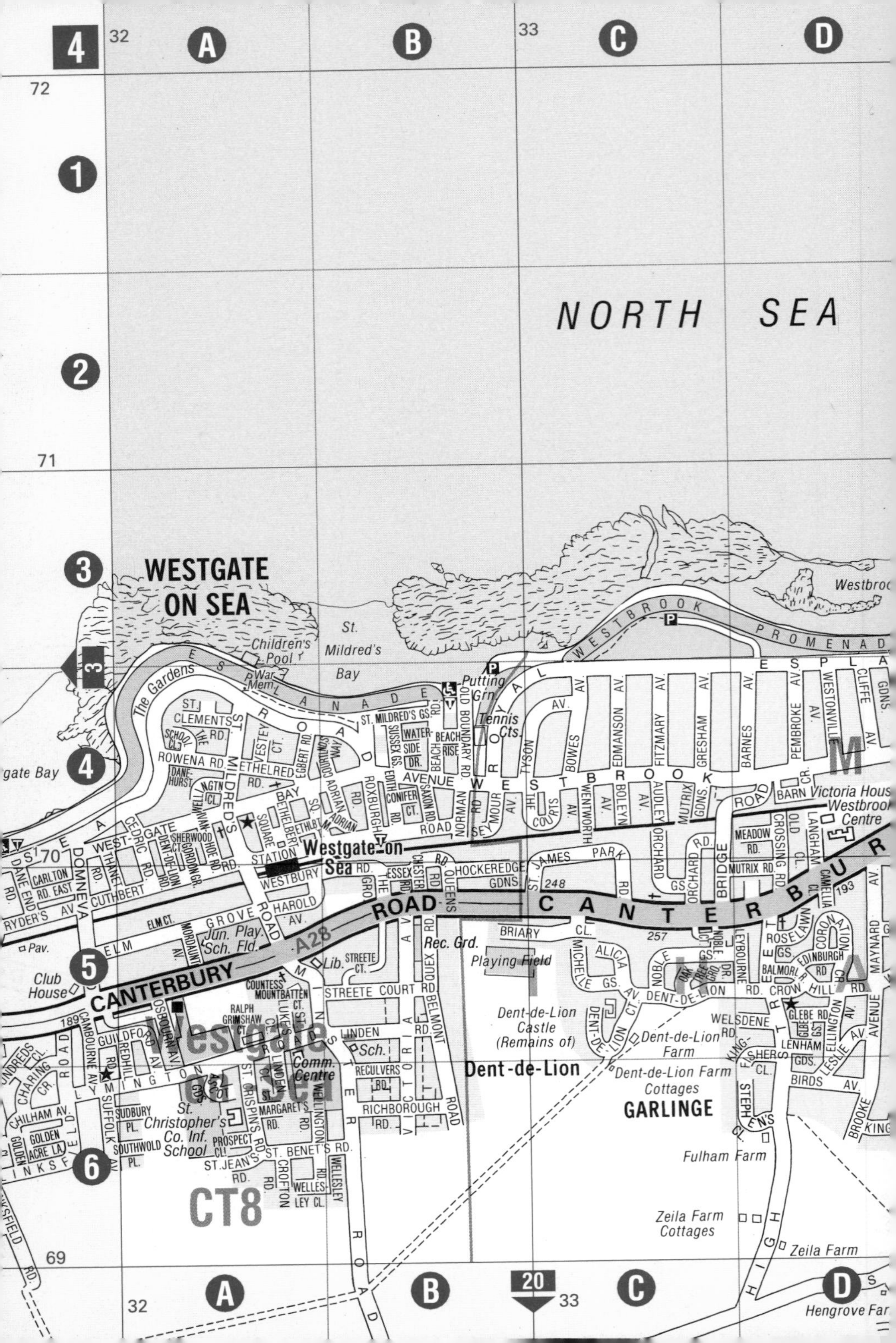

4
NORTH SEA
WESTGATE ON SEA
St. Mildred's Bay
Children's Pool
War Mem.
The Gardens
Putting Grn.
Tennis Cts.
WESTBROOK PROMENADE
ROYAL ESPLANADE
WESTBROOK AVENUE
Westgate-on-Sea STATION
CANTERBURY ROAD A28
Jun. Play. Sch. Fld.
Rec. Grd.
Playing Field
Dent-de-Lion Castle (Remains of)
Dent-de-Lion
Dent-de-Lion Farm
Dent-de-Lion Farm Cottages
GARLINGE
Fulham Farm
Zeila Farm Cottages
Zeila Farm
Victoria House
Westbrook Centre
Club House
Pav.
Lib.
Sch.
Comm. Centre
St. Christopher's Co. Inf. School
Westgate on Sea
CT8
Hengrove Far
20

E
F
G
H
635
36
72
1
2
3
4
5
6
MARGATE
WESTBROOK
CT9
Jetty (Remains of)
Fulsam Rock
Swim. Pool
The Lido
Groyne
The Bay
Pier
Lighthouse
The Harbour
Lifeboat Sta.
Slipway
Nayland Rock
Bathing Pool
Marine Sun Deck
Clock Tower
Boating Pool
PROMENADE
MARINE TERRACE
MARINE DR.
THE PDE.
B2051
FORT CR.
CLIFF
NORTHDOWN RD.
Tudor House
Mus.
Caves
Margate
Dreamland
Bembom Brothers Amusement Park
ALL SAINTS INDUSTRIAL ESTATE
Thanet Training Cen.
Approach Golf Course
HARTSDOWN PARK
Sports & Leisure Centre
Swim. Pool
Tennis Cts.
Bowls Cen.
Hartsdown
Margate F.C.
Tivoli Park
HARTSDOWN AVENUE
B2052
Hartsdown School
COLLEGE ROAD
RAMSGATE RD.
ST. PETER'S RD.
A255
A254
Royal Sch. For Deaf Children
Play. Fld.
DANE PARK
Clinic
Playing Field
Prim. Sch.
QUEEN ELIZABETH THE QUEEN MOTHER HOSPITAL
Almshouses
Pilgrims Hospice Thanet
Royal Convalescent Home
Shottendane Farm
Salmestone Grange
St. Georges R.C. Prim. School
Thanet Crematorium
St. Johns Cemetery
Twenties
Twenties Cottages
Charlinge Co. Inf. & Jun. Schools
Football Ground
CHAPEL HILL
NASH LANE
MANSTON ROAD
Tennis Court
Shell Grotto
Nursing Home
170
171
177
162
69
21
9

36
37
A
B
C
D
72
1
2
3
4
5
6
69
170
Walpole Bay
Walpole Rocks
Bathing Pool
Palm Bay
Mean Low
Rock
Swim. Pool
The Lido
Groyne
Slipway
THE PROMENADE
Indoor Bowls Cen.
Aquarium
Tennis Cts.
Theatre
NEWGATE LWR. PROMENADE
EASTERN ESPLANADE
PALM BAY AVENUE
B2051
CLIFTONVILLE
Margate
LONSDALE AVENUE
RUTLAND AVENUE
NORTHDOWN ROAD
Leisure Cen.
Sch.
The Oval
Bowl Grns.
ALBION RD.
ST. PAUL'S RD.
CUMBERLAND RD.
MAGNOLIA AVENUE
Shell Grotto
Nursing Home
Caves
DANE PARK
Ten. Cts.
Pav.
Play. Fld.
Royal Sch. For Deaf Children
Cliftonville Co. Prim. Sch.
Laleham Sch.
NORTHUMBERLAND AVENUE
HOLLY LANE
QUEEN-ELIZABETH AV.
5
DANE PARK ROAD
UPPER DANE RD.
VICTORIA AV.
MILLMEAD ROAD
B2052
Schools
COLLEGE RD.
Drapers Mill
Play. Fld.
Playing Field
Clinic
Prim. Sch.
ST. PETER'S ROAD
A255
QUEEN ELIZABETH THE QUEEN MOTHER HOSPITAL
Almshouses
Pilgrims Hospice Thanet
RAMSGATE ROAD
CHAPEL HILL ROAD
A254
Playground
CT9
Tennis Court
Updown House
Updown Farm
DANE COURT RD.
BROADLEY ROAD
DANE VALLEY ROAD
FOOTPATH
22

E
F
G
H
7
39
640
72
71
70
69
1
2
3
4
5
6
NORTH SEA
FORENESS POINT
Coastguard Sta.
Nature Golf Course
THE RIDINGS
PRINCE'S WALK
Botany Bay
White Ness
Neptune's Tower
Kingsgate Bay
Captain Digby Inn
KINGSGATE
Kingsgate Castle
Hackemdown Point
Hackemdown Banks Tower
Joss Bay
Joss Gap
JOSS GAP RD.
NORTH FORELAND GOLF COURSE
NORTH FORELAND
North Foreland Lighthouse
Convent
Hope Point
NORTHDOWN
East Northdown Farm
GEORGE HILL ROAD
WHITENESS ROAD
B2052
Nursery
East Northdown
The Norland
Tennis Courts
Club House
Broadstairs
Kingsgate College
Convalescent Home
Approach Course
Elmwood Farm
READING STREET
Hearts of Oak Convalescent Home
Playing Field
Ten. Cts.
Callis Grange Co. Infants Sch.
NORTH FORELAND RD.
ELMWOOD AVENUE
READING STREET ROAD
LANTHORNE ROAD
GRANGE ROAD
Recreation Ground
Pav.
23
The Foreland
Lanthorne Ho.
THANET PLACE

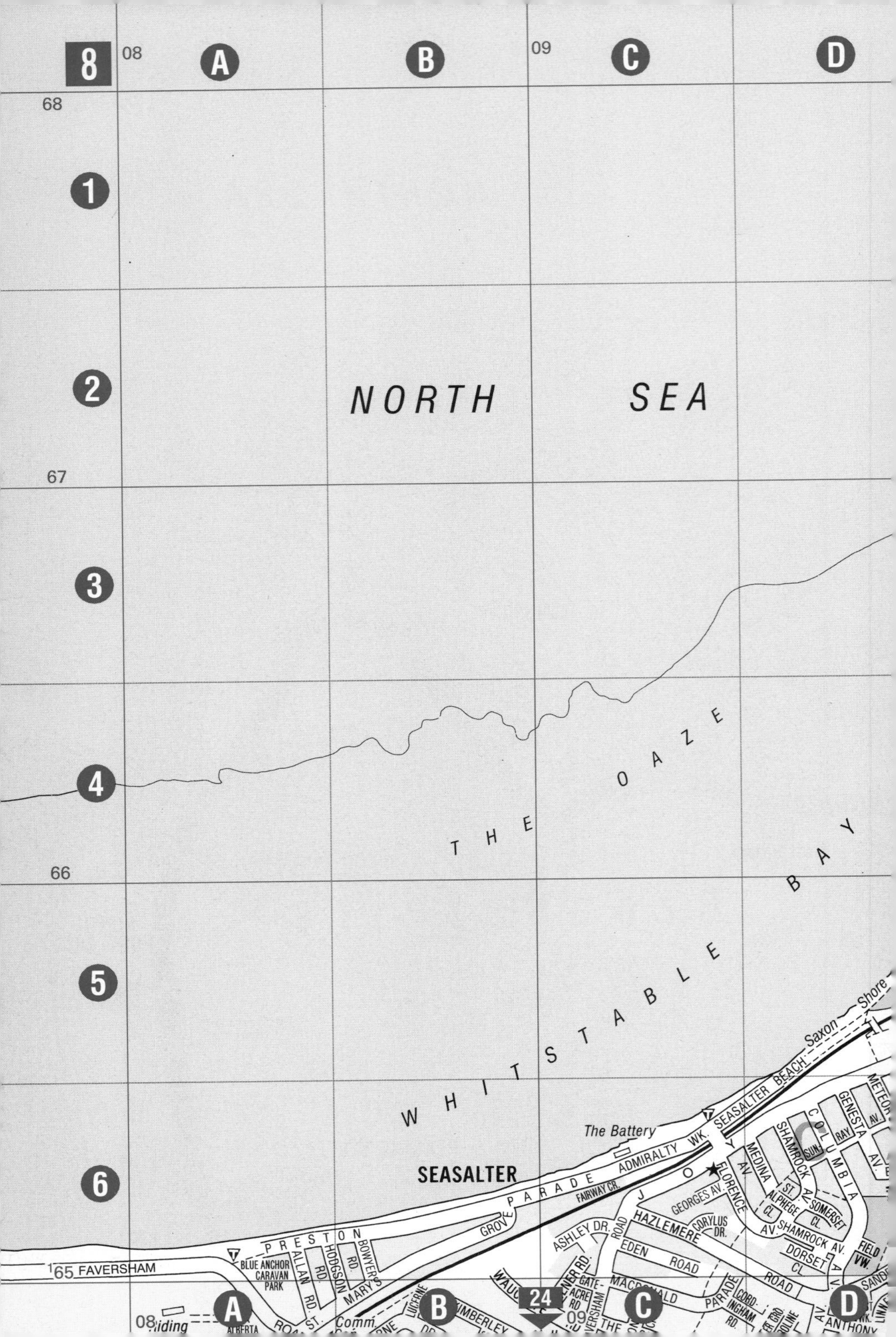
08
A
B
09
C
D
68
1
2
NORTH SEA
67
3
4
THE OAZE
66
WHITSTABLE BAY
5
6
SEASALTER
The Battery
Saxon Shore
SEASALTER BEACH
ADMIRALTY WK.
PARADE
FAIRWAY CR.
GROVE
PRESTON
BOWYERS
HODGSON RD.
ALLAN RD.
MARY'S
ST.
BLUE ANCHOR CARAVAN PARK
FAVERSHAM
ASHLEY DR.
HAZLEMERE
EDEN ROAD
ROAD
GEORGES AV.
CORYLUS DR.
FLORENCE AV.
MEDINA AV.
SHAMROCK AV.
ST. ALPHEGE CL.
SOMERSET CL.
DORSET CL.
COLUMBIA AV.
GENESTA AV.
RAY AV.
SUN
METEOR
FIELD VW.
MACDONALD
PARADE
KIMBERLEY
LUCERNE
THE
ANTHONY
24

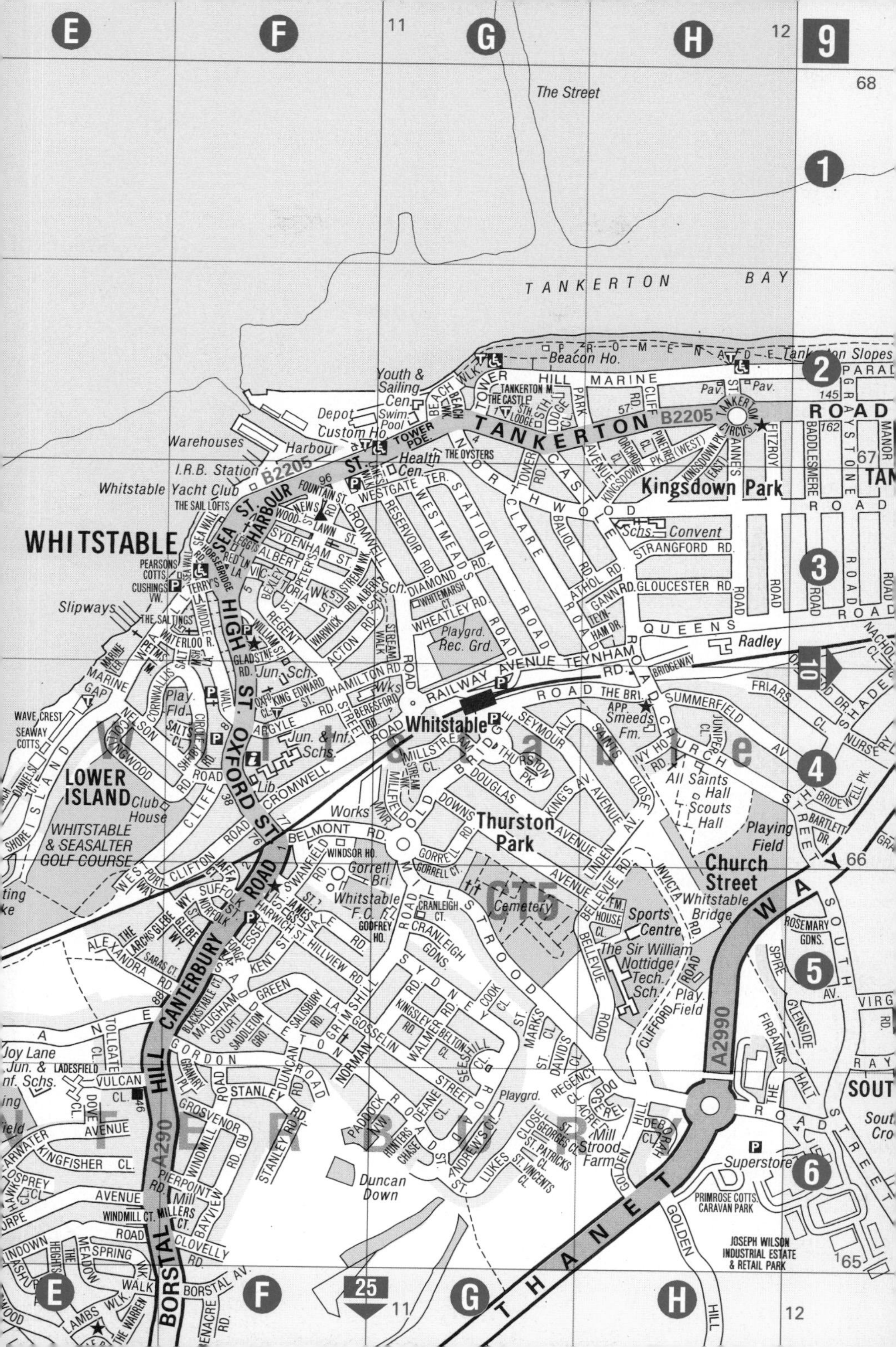
E
F
G
H
11
12
68
The Street
TANKERTON BAY
WHITSTABLE
Kingsdown Park
LOWER ISLAND
WHITSTABLE & SEASALTER GOLF COURSE
Thurston Park
Church Street
Whitstable
Whitstable Yacht Club
Warehouses
I.R.B. Station
Harbour
Youth & Sailing Cen.
Beacon Ho.
Tankerton Slopes
TANKERTON ROAD
B2205
HIGH ST.
OXFORD ST.
CANTERBURY ROAD
BORSTAL HILL
A290
THANET WAY
A2990
CT5
Cemetery
Whitstable F.C.
Sports Centre
The Sir William Nottidge Tech. Sch.
All Saints Hall
Scouts Hall
Playing Field
Superstore
PRIMROSE COTTS. CARAVAN PARK
JOSEPH WILSON INDUSTRIAL ESTATE & RETAIL PARK
Duncan Down
Mill Strood Farm
Smeeds Fm.
Convent
Radley
Slipways
Club House
66
65
67
10
25

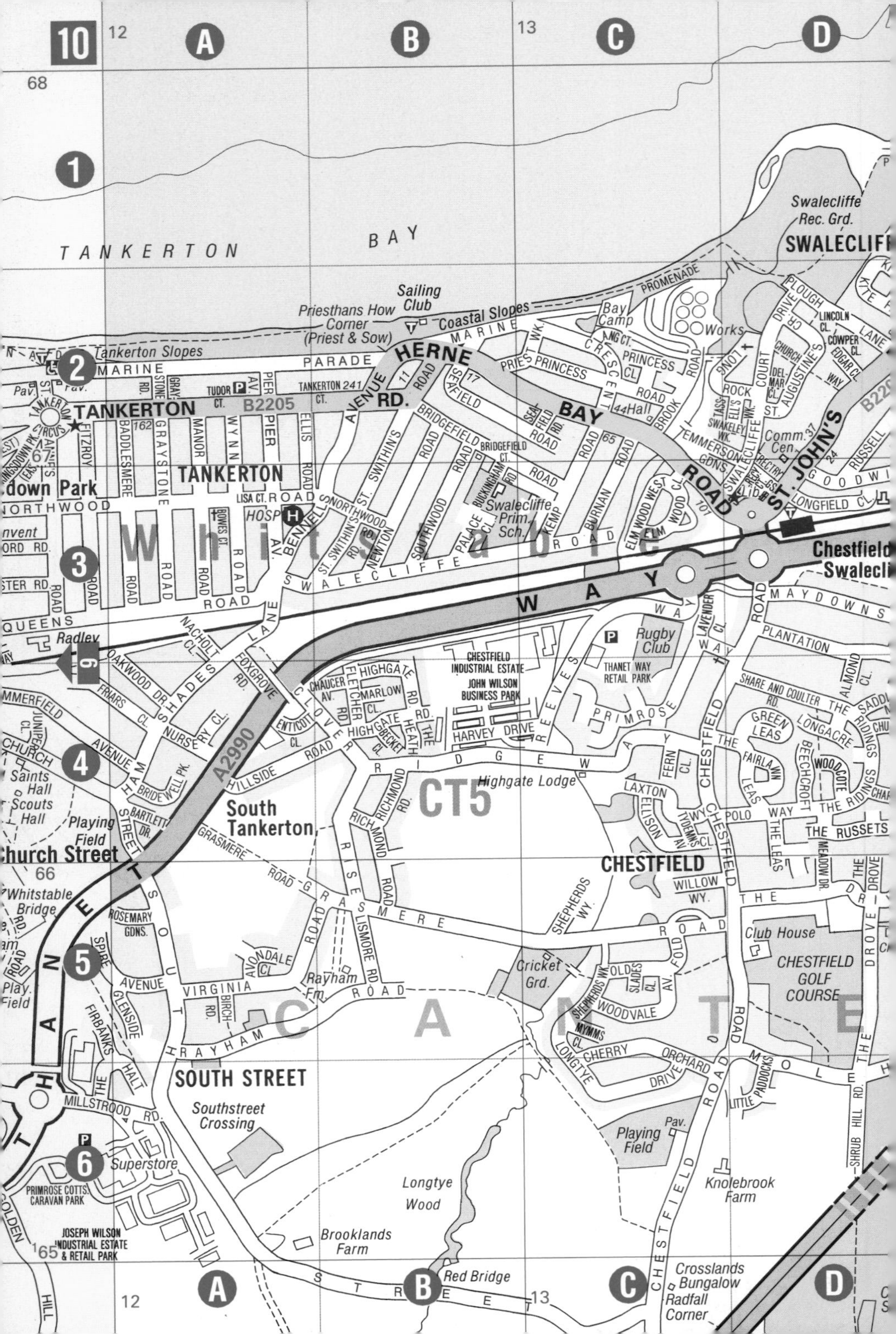

TANKERTON BAY
Sailing Club
Priesthans How Corner (Priest & Sow)
Coastal Slopes
Tankerton Slopes
MARINE PARADE
HERNE BAY ROAD
TANKERTON
B2205
Whitstable
SWALECLIFFE ROAD
Swalecliffe Rec. Grd.
SWALECLIFFE
PROMENADE
Bay Camp
Works
ST. JOHN'S ROAD
Swalecliffe Prim. Sch.
HOSP
Chestfield & Swalecliffe
THANET WAY
Radley
CHESTFIELD INDUSTRIAL ESTATE
JOHN WILSON BUSINESS PARK
THANET WAY RETAIL PARK
Rugby Club
A2990
Highgate Lodge
CT5
South Tankerton
Church Street
Playing Field
CHESTFIELD
Club House
CHESTFIELD GOLF COURSE
Cricket Grd.
Rayham Fm.
SOUTH STREET
Southstreet Crossing
Superstore
PRIMROSE COTTS. CARAVAN PARK
JOSEPH WILSON INDUSTRIAL ESTATE & RETAIL PARK
Longtye Wood
Brooklands Farm
Red Bridge
Playing Field
Knolebrook Farm
Crosslands Bungalow
Radfall Corner
CANTERBURY

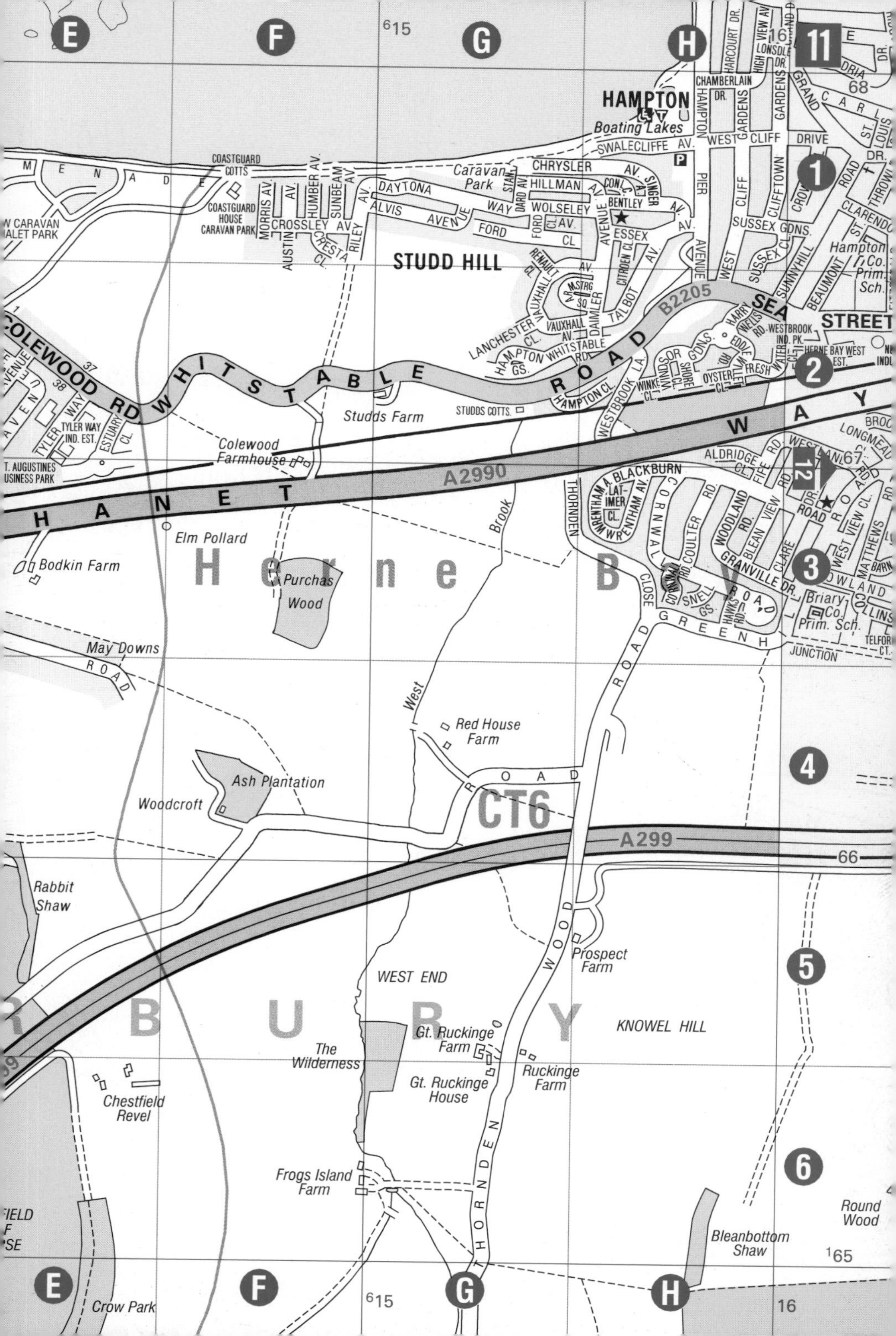

E
F
G
H
11
12
1
2
3
4
5
6
HAMPTON
Boating Lakes
STUDD HILL
Caravan Park
COASTGUARD COTTS
COASTGUARD HOUSE CARAVAN PARK
WHITSTABLE ROAD
B2205
COLEWOOD RD
THANET WAY
A2990
A299
Herne Bay
CT6
Studds Farm
STUDDS COTTS.
Colewood Farmhouse
Elm Pollard
Bodkin Farm
Purchas Wood
May Downs ROAD
Red House Farm
Ash Plantation
Woodcroft
Rabbit Shaw
WEST END
Prospect Farm
KNOWEL HILL
Gt. Ruckinge Farm
Ruckinge Farm
Gt. Ruckinge House
The Wilderness
Chestfield Revel
Frogs Island Farm
Bleanbottom Shaw
Round Wood
Crow Park
THORNDEN WOOD ROAD
West Brook
GREENHILL ROAD
SEA STREET
Hampton Co. Prim. Sch.
Briary Co. Prim. Sch.
TYLER WAY IND. EST.
WESTBROOK IND. PK.
HERNE BAY WEST IND. EST.
ST. AUGUSTINES BUSINESS PARK
615
165
66
67
68
16

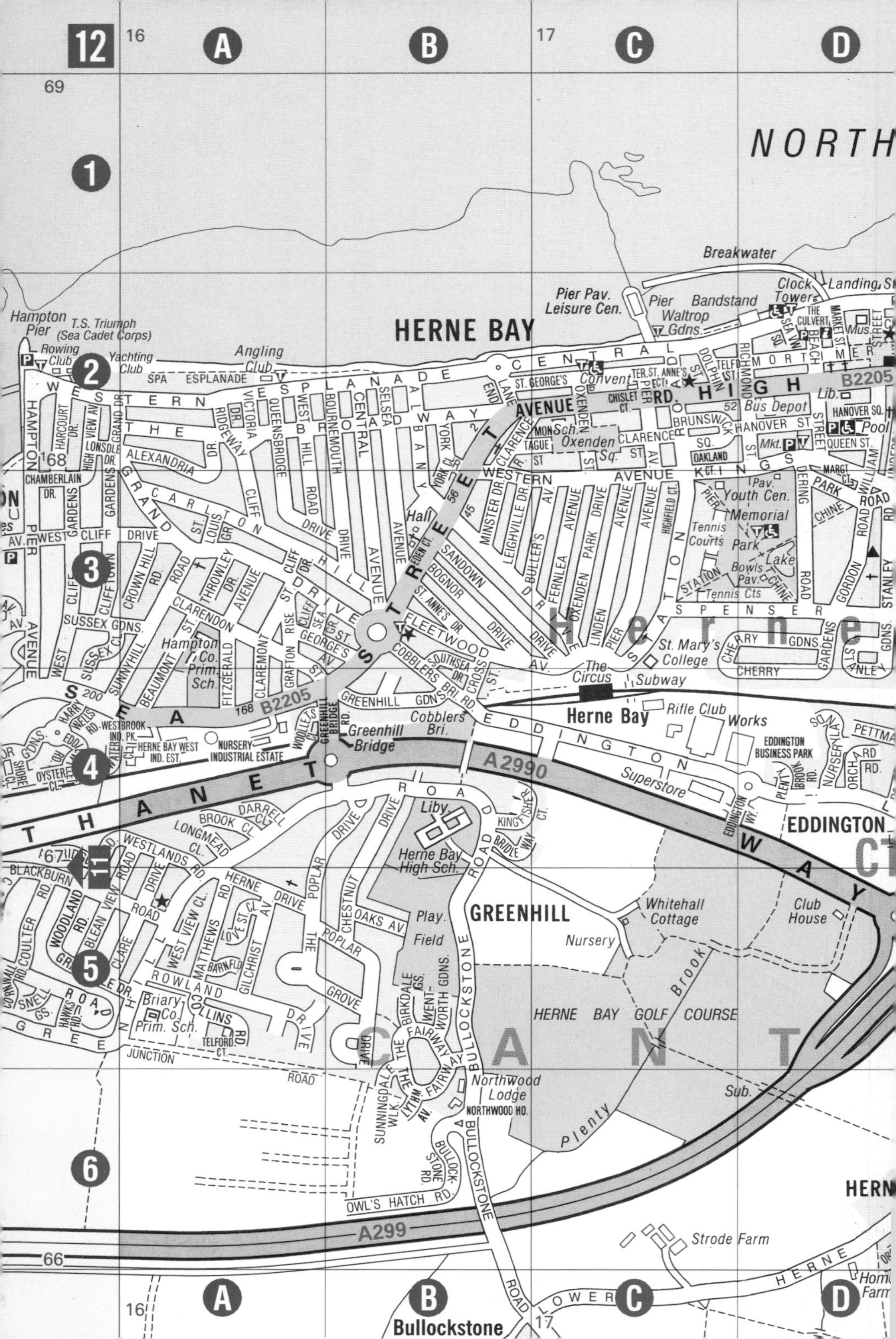

A
B
C
D
16
17
69
66
67
168
200
1
2
3
4
5
6
11
NORTH
HERNE BAY
Herne
CANT
Breakwater
Hampton Pier
T.S. Triumph (Sea Cadet Corps)
Rowing Club
Yachting Club
Angling Club
Pier Pav. Leisure Cen.
Pier
Bandstand
Waltrop Gdns.
Clock Tower
Landing St
Mus.
Convent
Lib.
Bus Depot
Pool
Mkt.
Sch.
Oxenden Sq.
Hall
Youth Cen.
Memorial Park
Tennis Courts
Lake
Bowls Pav.
Tennis Cts
St. Mary's College
The Circus
Subway
Herne Bay
Rifle Club
Works
Superstore
EDDINGTON BUSINESS PARK
EDDINGTON
Hampton Co. Prim. Sch.
Greenhill Bridge
Cobblers Bri.
HERNE BAY WEST IND. EST.
NURSERY INDUSTRIAL ESTATE
WESTBROOK IND. PK.
Liby.
Herne Bay High Sch.
Play. Field
GREENHILL
Whitehall Cottage
Nursery
Club House
HERNE BAY GOLF COURSE
Brook
Plenty
Sub.
Briary Co. Prim. Sch.
Northwood Lodge
NORTHWOOD HO.
Strode Farm
Home Farm
HERN
Bullockstone
A2990
A299
B2205
THANET WAY
WESTERN ESPLANADE
CENTRAL PARADE
THE BROADWAY
HIGH STREET
MORTIMER
SPA ESPLANADE
ST. GEORGE'S
AVENUE
CHISLET CT.
RD.
BRUNSWICK
HANOVER ST
QUEEN ST.
HANOVER SQ.
OAKLAND CT.
KINGS
WESTERN AVENUE
SPENSER
CHERRY GDNS.
STANLEY GDNS.
STATION ROAD
STREET
EDDINGTON LANE
GREENHILL ROAD
BULLOCKSTONE ROAD
LOWER HERNE
SEA STREET
HERNE DRIVE
GREENHILL DR.
JUNCTION ROAD
OWL'S HATCH RD.

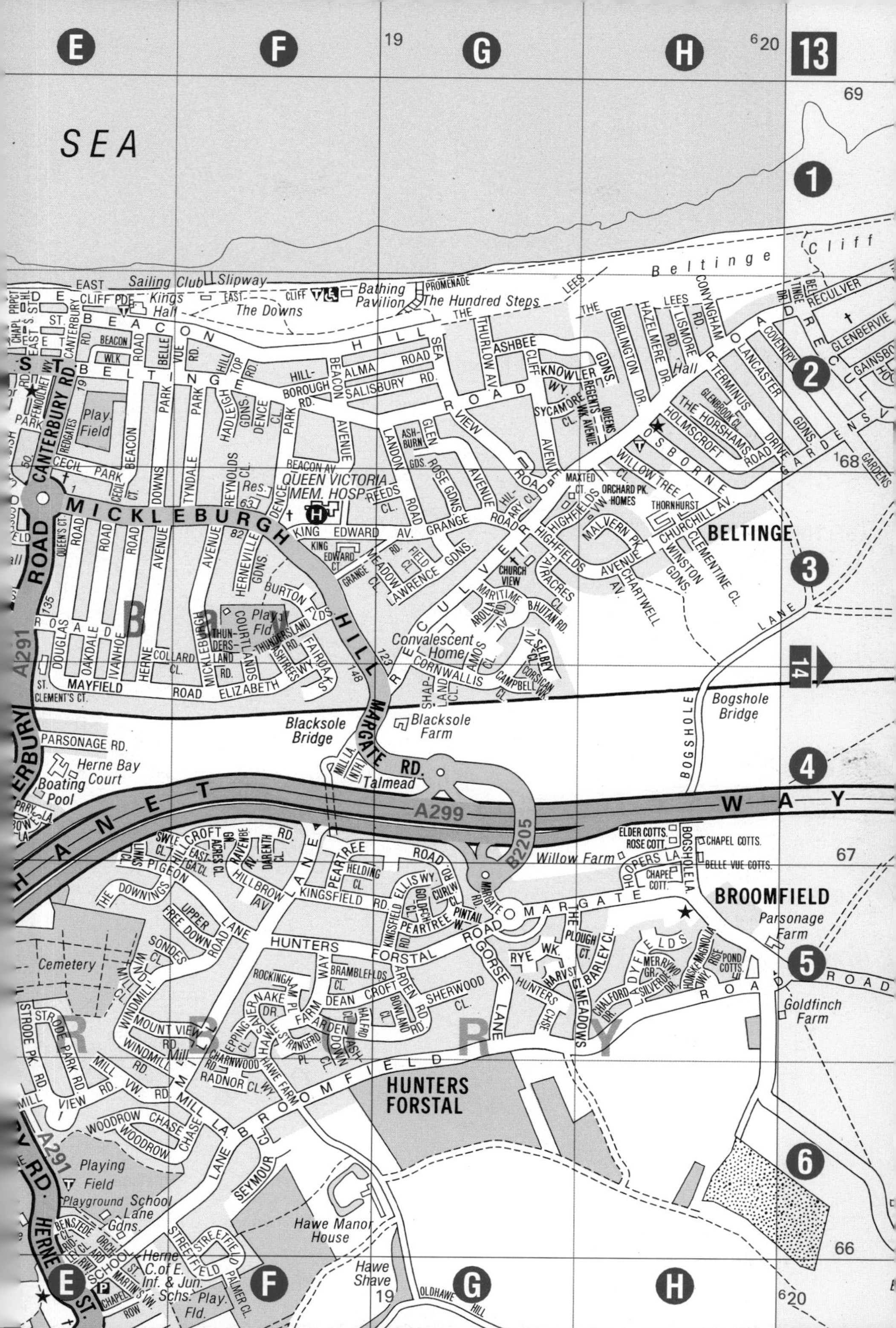
SEA
Sailing Club
Slipway
Kings Hall
The Downs
Bathing Pavilion
The Hundred Steps
Beltinge
Cliff
BELTINGE
QUEEN VICTORIA MEM. HOSP.
MICKLEBURGH HILL
Convalescent Home
Blacksole Bridge
Blacksole Farm
Bogshole Bridge
Herne Bay Court
Boating Pool
Talmead
THANET WAY
A299
B2205
A291
Willow Farm
BROOMFIELD
Parsonage Farm
Goldfinch Farm
Cemetery
HUNTERS FORSTAL
Hawe Manor House
Hawe Shave
Playing Field
Playground
School Lane Gdns.
Herne C.of E. Inf. & Jun. Schs.
Play. Fld.
OLDHAWE HILL
14

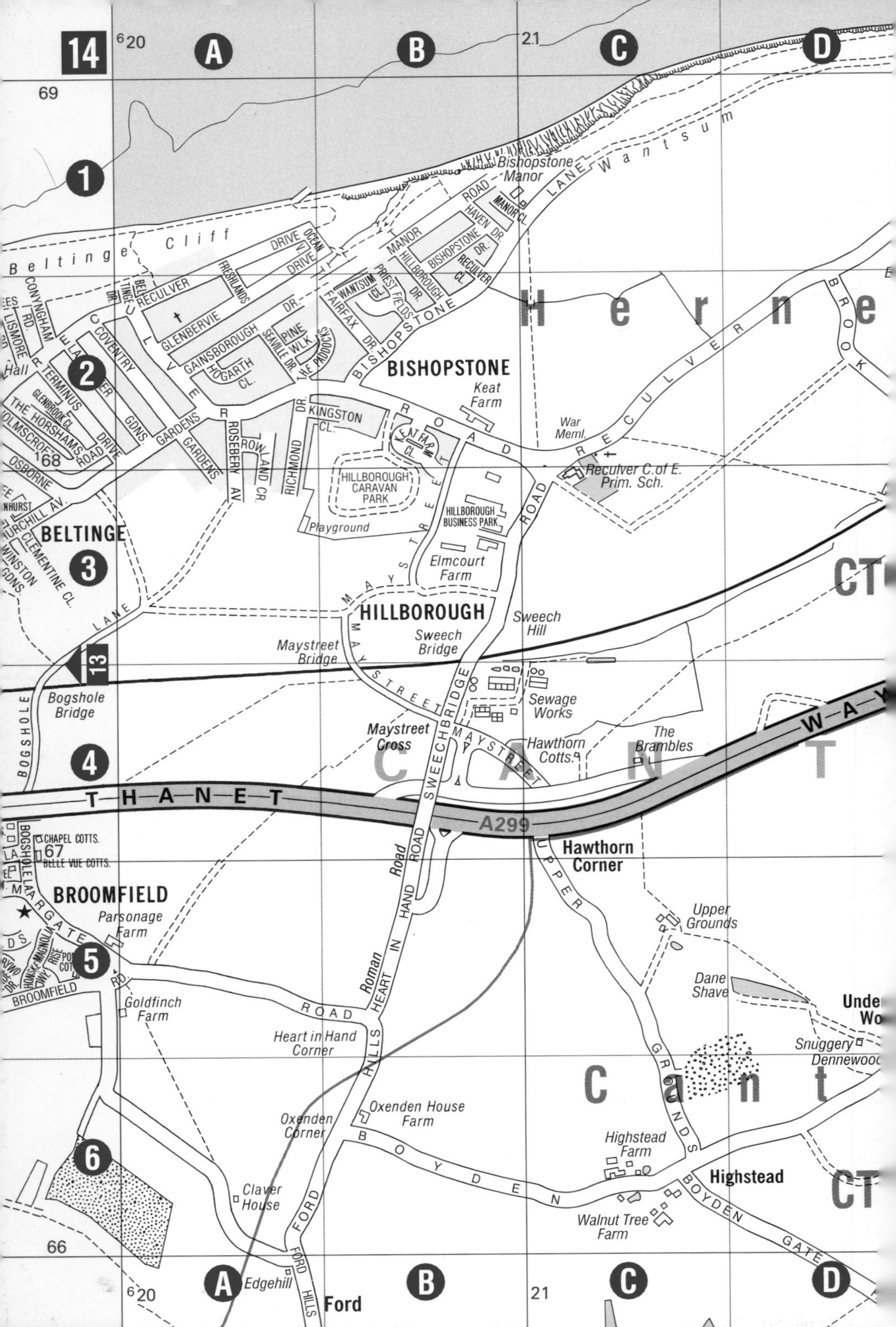
620
21
A
B
C
D
69
68
67
66
1
2
3
4
5
6
Beltinge Cliff
Wantsum
Bishopstone Manor
BISHOPSTONE
Keat Farm
War Meml.
Reculver C.of E. Prim. Sch.
Herne
HILLBOROUGH CARAVAN PARK
Playground
HILLBOROUGH BUSINESS PARK
Elmcourt Farm
HILLBOROUGH
Sweech Hill
Sweech Bridge
Maystreet Bridge
BELTINGE
Bogshole Bridge
13
Sewage Works
Maystreet Cross
Hawthorn Cotts.
The Brambles
THANET WAY
A299
Hawthorn Corner
BROOMFIELD
Parsonage Farm
Goldfinch Farm
Upper Grounds
Dane Shave
Snuggery
Heart in Hand Corner
Oxenden House Farm
Oxenden Corner
Highstead Farm
Highstead
Claver House
Walnut Tree Farm
Edgehill
Ford
CT
Roman Road
RECULVER ROAD
BISHOPSTONE LANE
MAYSTREET
SWEECHBRIDGE ROAD
HEART IN HAND ROAD
UPPER GROUNDS
BOYDEN GATE
BOYDEN
FORD HILLS
HILLS
BOGSHOLE LANE
MARGATE RD.
BROOMFIELD ROAD
CHAPEL COTTS.
BELLE VUE COTTS.

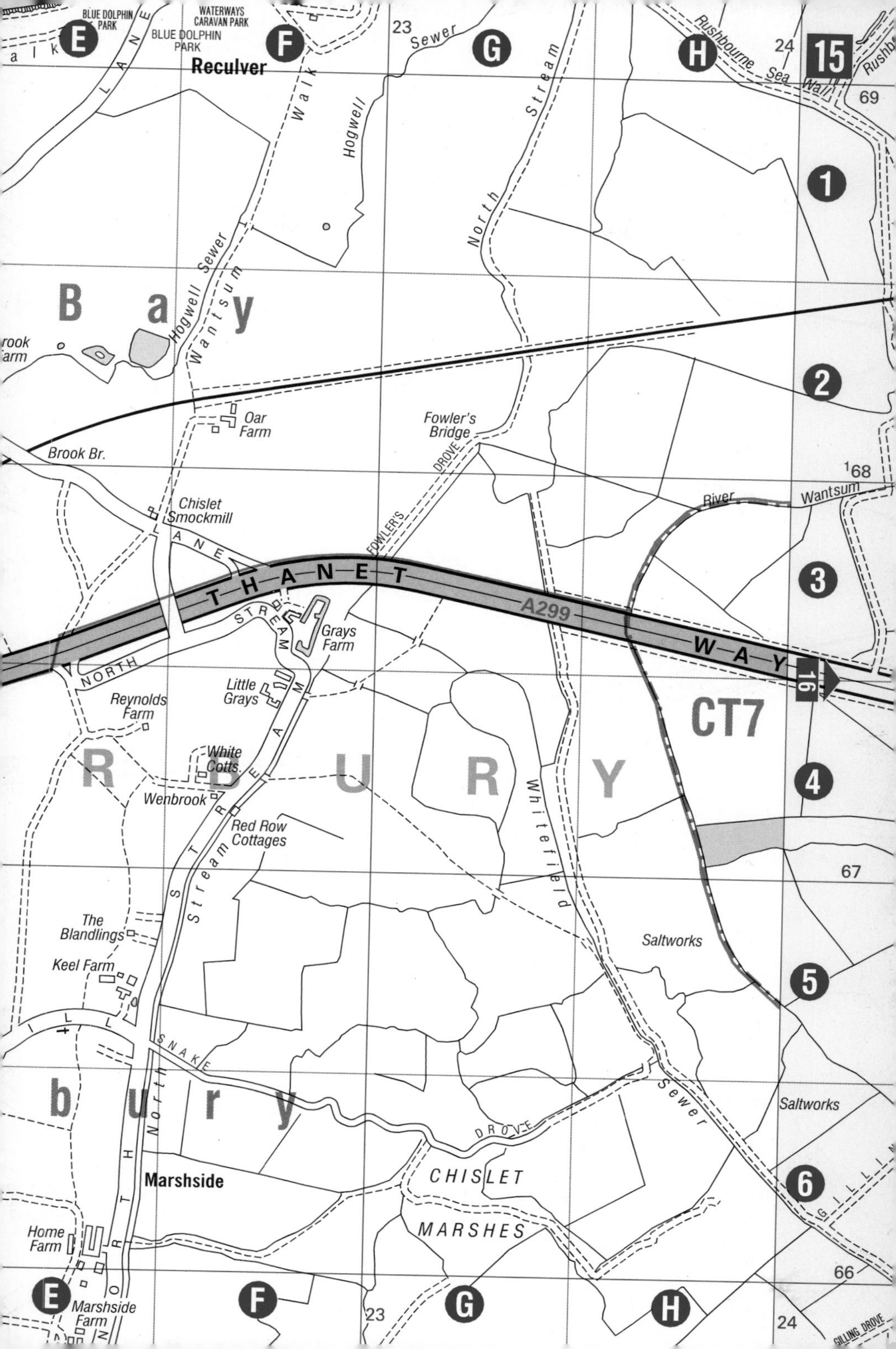

15
16
E
F
G
H
1
2
3
4
5
6
23
24
69
68
67
66
BLUE DOLPHIN PARK
WATERWAYS CARAVAN PARK
BLUE DOLPHIN PARK
Reculver
Rushbourne Sea Wall
Sewer
Hogwell
Walk
North Stream
Hogwell Sewer
Wantsum
Bay
Oar Farm
Brook Br.
Fowler's Bridge
DROVE
FOWLER'S
Chislet Smockmill
LANE
THANET WAY
A299
River Wantsum
Grays Farm
Little Grays
NORTH STREAM
Reynolds Farm
White Cotts.
Wenbrook
Red Row Cottages
RBURY
CT7
Whitefield
Saltworks
Saltworks
The Blandlings
Keel Farm
SNAKE DROVE
North Stream
Sewer
bury
Marshside
CHISLET MARSHES
Home Farm
Marshside Farm
GILLING DROVE

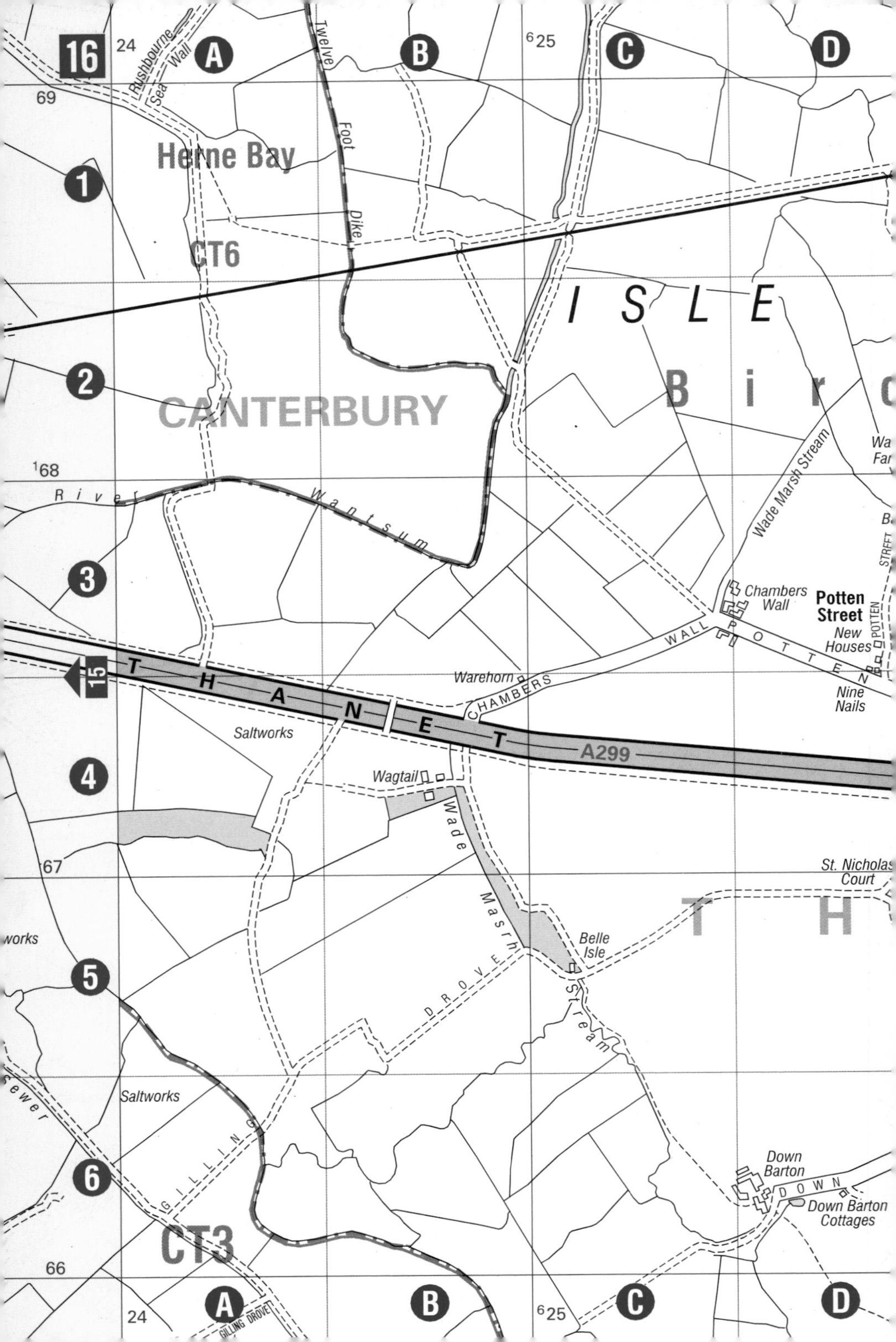
24
A
B
6 25
C
D
69
Rushbourne Sea Wall
Herne Bay
Twelve Foot Dike
1
CT6
ISLE
2
Bir
CANTERBURY
Wade Marsh Stream
1 68
River Wantsum
3
Chambers Wall
Potten Street
WALL
POTTEN
New Houses
POTTEN STREET
15
THANET
Warehorn
CHAMBERS
Nine Nails
Saltworks
A299
4
Wagtail
Wade Marsh Stream
67
St. Nicholas Court
TH
works
Belle Isle
DROVE
5
Sewer
Saltworks
GILLING
6
Down Barton
DOWN
Down Barton Cottages
CT3
66
A
B
C
D
24
6 25
GILLING DROVE

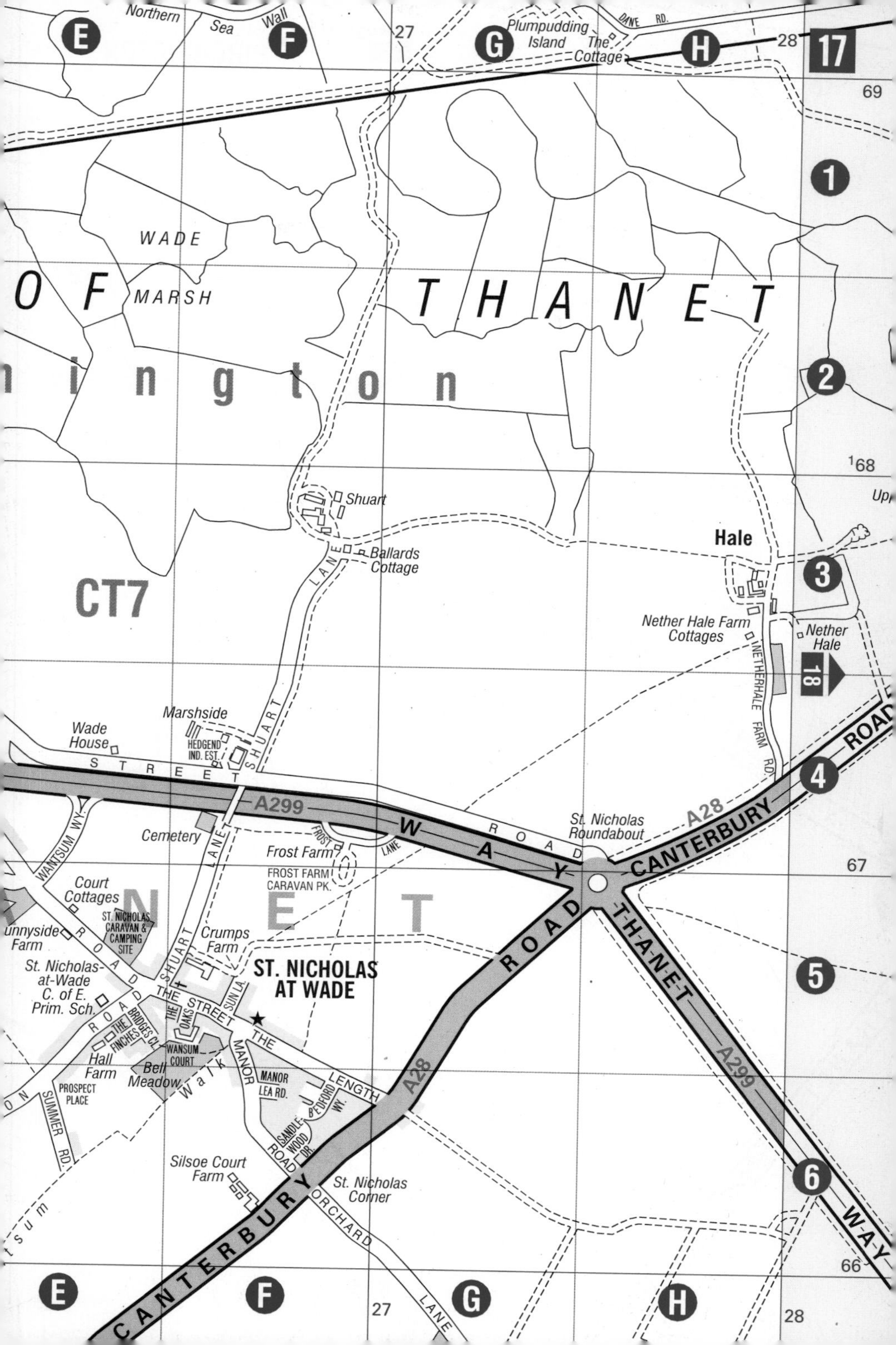
Northern Sea Wall
Plumpudding Island
The Cottage
DANE RD.
WADE MARSH
OF THANET
ington
Shuart
Ballards Cottage
SHUART LANE
CT7
Hale
Nether Hale Farm Cottages
Nether Hale
18
NETHERHALE FARM RD.
Marshside
Wade House
HEDGEND IND. EST.
STREET
A299
WAY
ROAD
St. Nicholas Roundabout
A28
CANTERBURY ROAD
Cemetery
FROST LANE
Frost Farm
FROST FARM CARAVAN PK.
WANTSUM WY.
Court Cottages
ST. NICHOLAS CARAVAN & CAMPING SITE
Crumps Farm
ST. NICHOLAS AT WADE
St. Nicholas-at-Wade C. of E. Prim. Sch.
THE STREET
SUN LA.
THE OAKS
THE FINCHES
BRIDGES CL.
WANSUM COURT
Hall Farm
Bell Meadow
Walk
MANOR ROAD
THE LENGTH
MANOR LEA RD.
BEDFORD WY.
SANDLEWOOD DR.
PROSPECT PLACE
SUMMER RD.
Silsoe Court Farm
St. Nicholas Corner
ORCHARD LANE
THANET WAY
A299
CANTERBURY
E F G H
1 2 3 4 5 6
27 28
69 68 67 66

BIRCHINGTON
A
B
C
D
2
28
29
69
68
67
66
1
2
3
4
5
6
The Red House
Great Brooksend Farm
Birch
Brooksend Cottages
Brooks End
Little Brooksend Farm
Upper Hale
Upper Hale Cottages
Hale
Nether Hale
Coney Close
Holloway Lodge
College Farm
CANTERBURY
A28
A299
THANET WAY
ISLE
THA
Monkton Road Farm Cottages
Monkton Road Farm
CRISPE
MONKTON ROAD
SEAMARK
PLUMSTONE
Reservoir
ESSEX GDNS
DEVON
LANCASTER
MANOR DR.
MILL LA.
MILL ROW
QUEX
KING
SHERWOOD RD.
BROADLEY AV.
NETHERHALE FARM
UPPER HALE
17
26

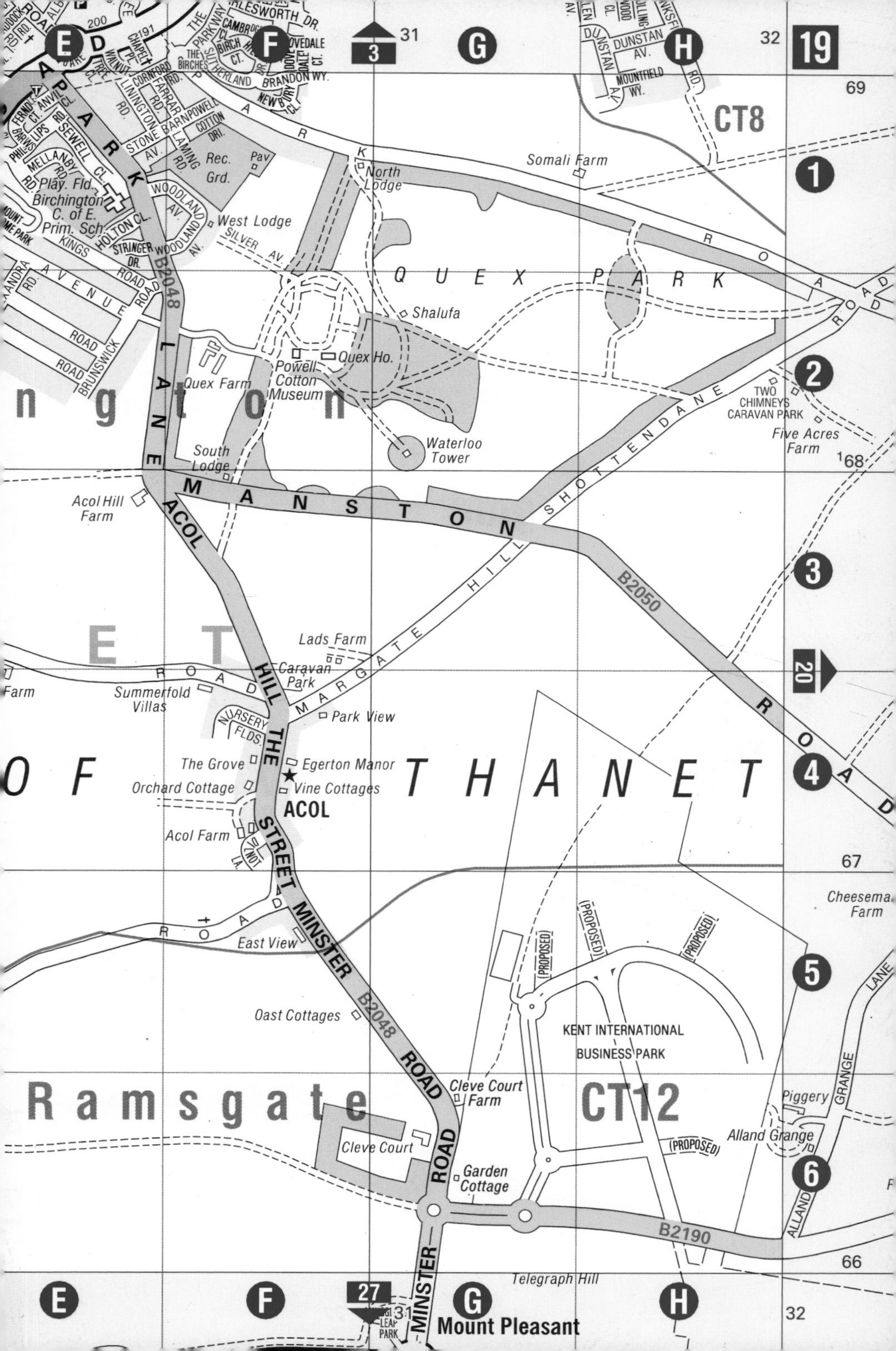
E
F
G
H
3
31
32
69
68
67
66
CT8
CT12
1
2
3
4
5
6
20
27
QUEX PARK
Somali Farm
North Lodge
West Lodge
Shalufa
Quex Ho.
Powell Cotton Museum
Quex Farm
South Lodge
Waterloo Tower
Rec. Grd.
Pav
Play. Fld.
Birchington C. of E. Prim. Sch.
TWO CHIMNEYS CARAVAN PARK
Five Acres Farm
Acol Hill Farm
MANSTON
SHOTTENDANE
MARGATE HILL
B2050
ROAD
B2048
PARK LANE
ACOL HILL
THE STREET
MINSTER ROAD
Lads Farm
Caravan Park
Park View
Summerfold Villas
NURSERY FLDS.
The Grove
Egerton Manor
Orchard Cottage
Vine Cottages
ACOL
Acol Farm
East View
Oast Cottages
Cleve Court Farm
Cleve Court
Garden Cottage
KENT INTERNATIONAL BUSINESS PARK
(PROPOSED)
Piggery
Alland Grange
ALLAND GRANGE LANE
Cheeseman Farm
B2190
Telegraph Hill
Mount Pleasant
Ramsgate
OF THANET
SILVER AV.
WOODLAND AV.
STRINGER DR.
KINGS ROAD
AVENUE ROAD
BRUNSWICK ROAD
HOLTON CL.
SEWELL CL.
MELLANBY RD.
STONE BARN AV.
LAMING RD.
COTTON DRI.
POWELL
DUNSTAN AV.
MOUNTFIELD WY.
DOVEDALE CT.
BRANDON WY.
THE BIRCHES
THE PARKWAY
SUTHERLAND
LININGTON RD.
FARRAR RD.
CORNFORD RD.
WALNUT TREE CL.
CHAPEL PL.
200
191

Westgate - on - Sea
CT8
Birchington
CT7
CT12
Woodchurch
Queensdown
ISLE
THA
Ram
MANSTON AIRPORT
PARK ROAD
SHOTTENDANE ROAD
MINSTER ROAD
HIGH STREET
WOODCHURCH ROAD
WESTGATE AV.
QUEENSDOWN ROAD
CASTLE MAYNE AV.
TRAFALGAR RD.
ST. MARGARETS RD.
MANSTON ROAD
B2050
B2190
GRANGE LANE
ALLAND GRANGE
MANSTON
Zeila Farm Cottages
Zeila Farm
Hengrove Farm
QUEX PARK
TWO CHIMNEYS CARAVAN PARK
Five Acres Farm
Woodchurch Cottages
(Ruin)
Windyridge
Piggeries
Hackthorne Farm
Kennels
The Bungalow
Piggery
Caves
Cheeseman's Farm
Cheeseman's View
Pouces Nursery
MANSTON PARK BUNGALOWS
Tennis Courts
R.A.F. Manston Spitfire & Hurricane Pav. Mus.
Sunny Bank
Alland Grange
Rose Farm
Pouces Cottages
R.A.F. Manston
MUSGRAVE CL.
ESMONDE
TOLLEMACHE
BEAUMONT CL.
BELL-DAVIES DR.
(PROPOSED)
4
19
28
32
33
69
68
67
66
A
B
C
D
1
2
3
4
5
6

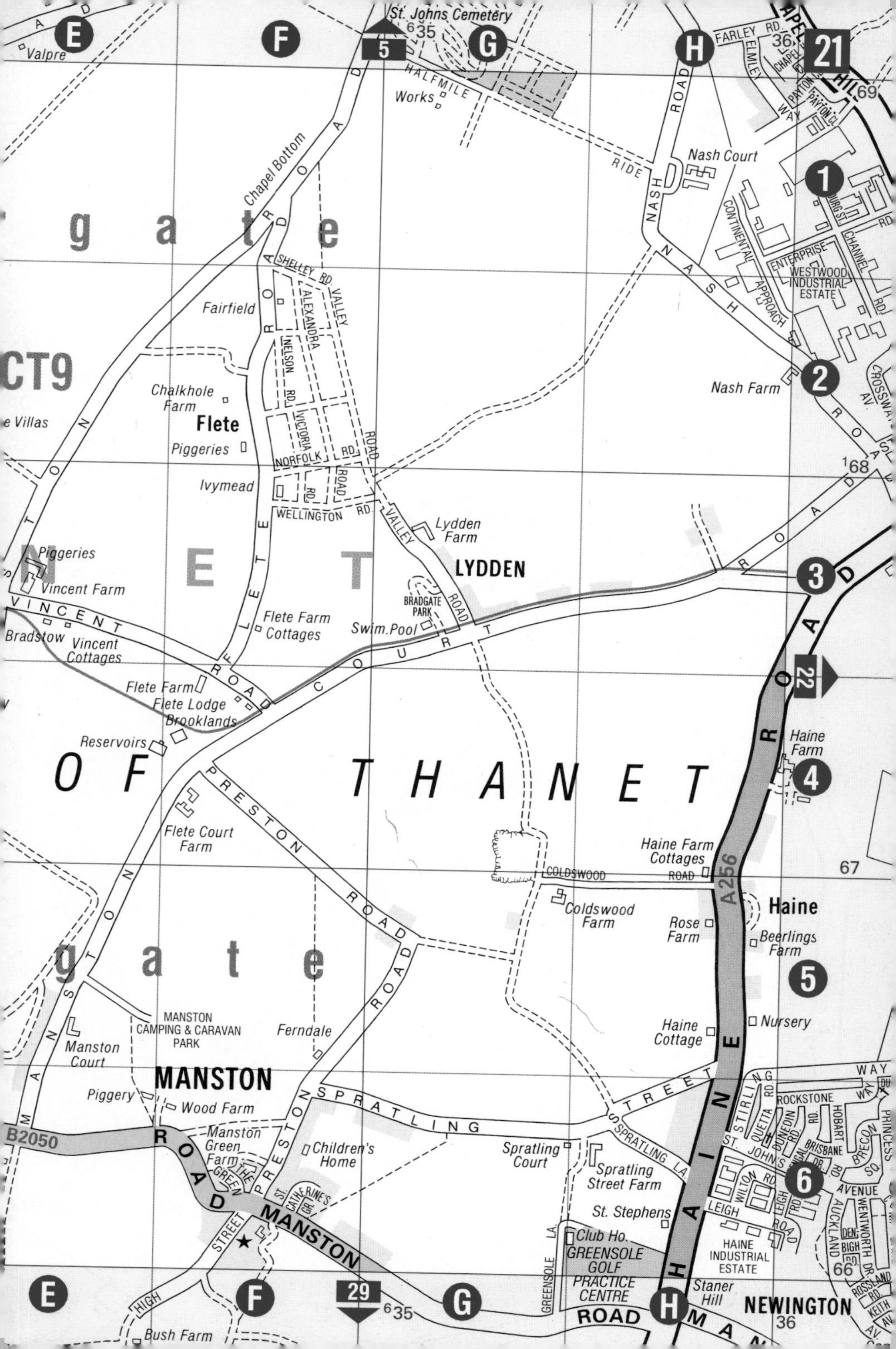

21
5
22
29
St. Johns Cemetery
Works
HALFMILE RIDE
Chapel Bottom
Valpre
CT9
Fairfield
Chalkhole Farm
Flete
Piggeries
Ivymead
Nash Court
NASH ROAD
CONTINENTAL APPROACH
ENTERPRISE
WESTWOOD INDUSTRIAL ESTATE
CHANNEL RD.
Nash Farm
CROSSWAYS AV.
FARLEY RD.
ELMLEY WAY
PAYTON CL.
SHELLEY RD.
ALEXANDRA
NELSON RD.
VICTORIA
NORFOLK RD.
VALLEY ROAD
WELLINGTON RD.
Lydden Farm
LYDDEN
BRADGATE PARK
Swim.Pool
Piggeries
Vincent Farm
VINCENT ROAD
Bradstow
Vincent Cottages
Flete Farm Cottages
FLETE ROAD
COURT ROAD
Flete Farm
Flete Lodge
Brooklands
Reservoirs
Flete Court Farm
PRESTON ROAD
OF THANET
Haine Farm
Haine Farm Cottages
COLDSWOOD ROAD
Coldswood Farm
A256
Haine
Rose Farm
Beerlings Farm
Haine Cottage
Nursery
HAINE ROAD
MANSTON ROAD
MANSTON CAMPING & CARAVAN PARK
Ferndale
Manston Court
MANSTON
Piggery
Wood Farm
B2050
SPRATLING STREET
SPRATLING LA.
Manston Green Farm
THE GREEN
Children's Home
Spratling Court
Spratling Street Farm
St. Stephens
ST. CATHERINE'S GR.
MANSTON ROAD
Club Ho.
GREENSOLE GOLF PRACTICE CENTRE
GREENSOLE LA.
HIGH STREET
HAINE INDUSTRIAL ESTATE
Staner Hill
NEWINGTON
Bush Farm
STIRLING
QUETTA
DUNEDIN RD.
ROCKSTONE WAY
HOBART RD.
BRISBANE
PRINCESS
BRECON SQ.
ST. JOHN'S
WILTON RD.
LEIGH RD.
LEIGH ROAD
AVENUE
AUCKLAND
WENTWORTH DR.
DENBIGH RD.
ROSSLAND RD.
KEITH AV.
68
67
66
36
35

Margate
CT9
CT12
WESTWOOD
NORTHWOOD
WHITEHALL
NEWINGTON
Haine
Hollicondane
Westwood Industrial Estate
Westwood Retail Park
Westwood Lodge
Westwood Farm
Westwood Hypermarket
T.A. Centre
Superstore
Bus Depot
Updown Farm
Nash Court
Nash Farm
Depot
Timber Yard
Nursery
Buddles Farm
Sacketts Hill Farm
Playing Field
St. George's C. of E. School
Reservoir (Covered)
Haine Farm
Rose Farm
Beerlings Farm
Haine Cottage
Jackey Baker's Recreation Ground
Northwood Centre
Dame Janet Co. Inf. & Jun. Schs.
The Ramsgate School
Factories
Pyson's Road Industrial Estate
The Frank Walters Bus. Pk.
Playing Fields
Pavilion
Playground
Haine Industrial Estate
Newington Co. Inf. Sch.
Works
Liby
Staner Hill
RAMSGATE ROAD A254
MARGATE ROAD A254
WESTWOOD ROAD A256
DANE COURT ROAD A255
MANSTON COURT ROAD
NEWINGTON RD B2014
HAINE ROAD
NASH ROAD
POORHOLE LANE
NORTHWOOD ROAD
NEWLANDS LANE
ALLENBY RD.
ST. JAMES'S AV.
COLEMAN CRESCENT
STIRLING WAY
ST. JOHN'S AV.
WHITEHALL RD.
QUEEN'S AV.
KINGS AV.
PRINCE'S AV.
CLIFTONVILLE AV.
GRANVILLE AV.
HOLBROOK DR.
FITZROY AV.
HOPES LA.
COXES AV.
HIGHFIELD RD.
MILLFIELD RD.
ORCHARD CL.
HAINE CT12 RD
A B C D
1 2 3 4 5 6
36 37 66 67 68 69
6 21 30

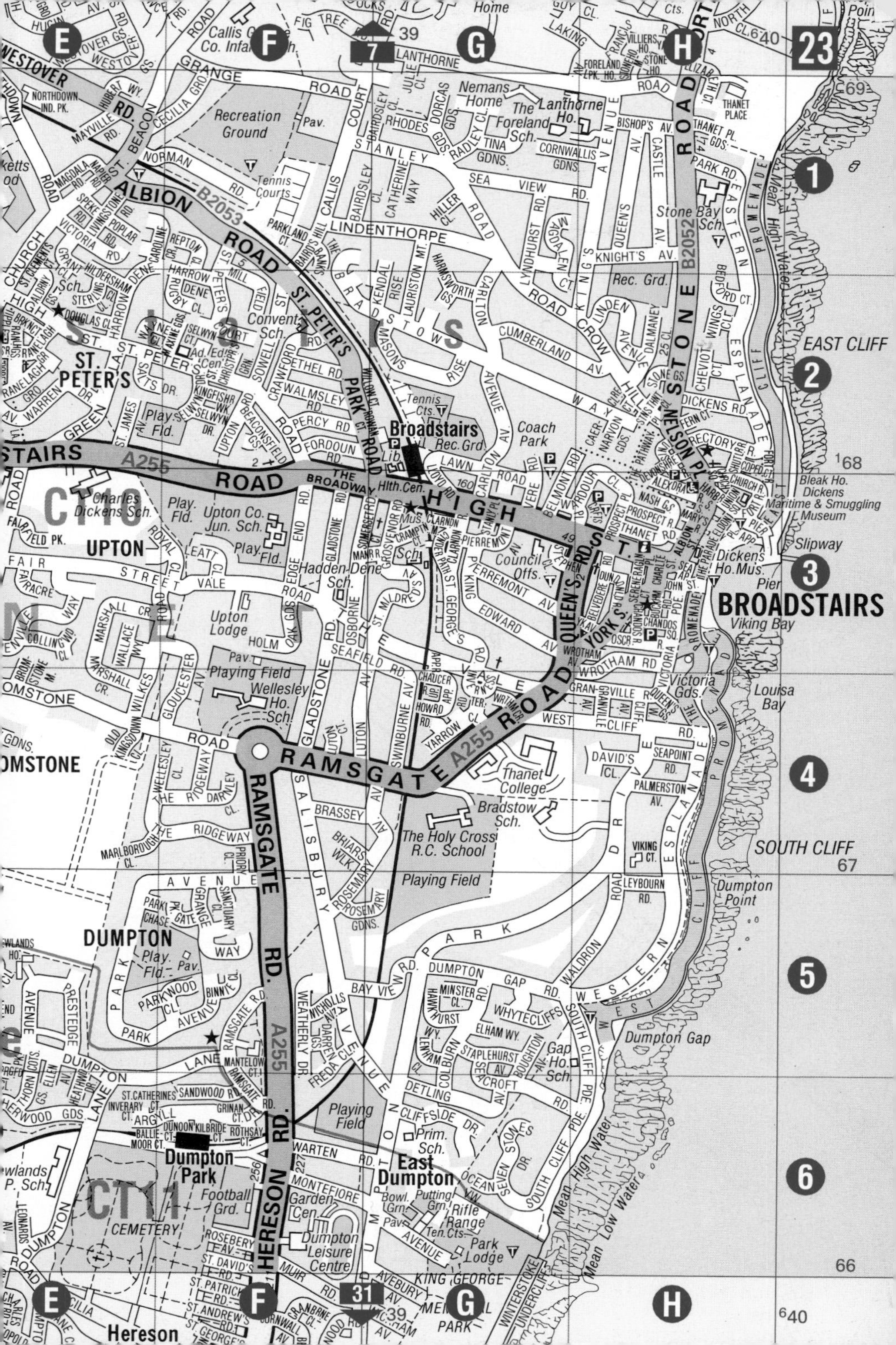

23
E
F
G
H
7
31
39
40
69
68
67
66
1
2
3
4
5
6
BROADSTAIRS
ST. PETER'S
UPTON
DUMPTON
East Dumpton
Dumpton Park
Hereson
CT10
CT11
EAST CLIFF
SOUTH CLIFF
Viking Bay
Louisa Bay
Dumpton Gap
Dumpton Point
Slipway
Pier
Mean High Water
Mean Low Water
Bleak Ho. Dickens Maritime & Smuggling Museum
Dickens Ho. Mus.
Broadstairs
Stone Bay Sch.
Recreation Ground
Lanthorne Ho.
The Foreland Sch.
Nemans Home
Callis Grange Co. Infant Sch.
Convent Sch.
Charles Dickens Sch.
Upton Co. Jun. Sch.
Hadden Dene Sch.
Upton Lodge
Wellesley Ho. Sch.
Playing Field
Thanet College
Bradstow Sch.
The Holy Cross R.C. School
Council Offs.
Coach Park
Victoria Gds.
Gap Ho. Sch.
Prim. Sch.
Football Grd.
CEMETERY
Dumpton Leisure Centre
Garden Cen.
Rifle Range
Park Lodge
KING GEORGE MEMORIAL PARK
Rec. Grd.
Play. Fld.
Tennis Courts
B2052
B2053
A255
ALBION ROAD
ST. PETER'S PARK ROAD
HIGH ST.
RAMSGATE ROAD
RAMSGATE RD.
HERESON RD.
STONE ROAD
NELSON PL.
QUEEN'S RD.
YORK ST.
WESTERN ESPLANADE
EASTERN ESPLANADE
VICTORIA PROMENADE
DUMPTON PARK DRIVE
DUMPTON GAP RD.
SOUTH CLIFF PDE.
WEST CLIFF RD.
GRANVILLE RD.
WROTHAM RD.
SEAFIELD RD.
GLADSTONE RD.
SALISBURY AV.
SWINBURNE AV.
CALLIS COURT RD.
LINDENTHORPE RD.
STANLEY RD.
SEA VIEW RD.
LANTHORNE RD.
CUMBERLAND AV.
CARLTON AV.
CROW HILL
KING'S AV.
QUEEN'S AV.
BRADSTOW WAY
LAWN RD.
THE BROADWAY
VALE RD.
PIERREMONT AV.
EDWARD AV.
ST. GEORGE'S RD.
ST. MILDRED'S AV.
OSBORNE RD.
HOLM OAK GDS.
STREET VALE
KINGSDOWN RD.
THE RIDGEWAY
MARLBOROUGH CL.
PARK AVENUE
DUMPTON LANE
DUMPTON PARK AVENUE
MONTEFIORE AV.
WARTEN RD.
DETLING AV.
CLIFFSIDE DR.
SEVEN STONES DR.
ROSEBERY AV.
ST. DAVID'S RD.
GRANGE RD.
WESTOVER RD.
NORTHDOWN IND. PK.

8
PRESTON GROVE
FAVERSHAM RD.
BLUE ANCHOR CARAVAN PARK
ALLAN RD.
HODGSON RD.
BOWYERS RD.
ST. MARY'S
Riding Centre
ALBERTA CARAVAN PARK
Comm. Cen.
LUCERNE DR.
BEACONFIELDS
KIMBERLEY
ROBERTS RD.
LADYSMITH GR.
WAUCHOPE RD.
MILNER RD.
GATEACRE RD.
Hall
GROVE
HAZLEMERE
CORYLUS DR.
SHAMROCK AV.
DORSET CL
MACDONALD
PARADE
CORDINGHAM RD.
SANDPIPER
GOLDCREST WK.
SWALLOW AV.
LINNET AV.
ANTHONY CR.
NIGHTINGALE AV.
BUTLER GRO.
CAROLINE CL.
JAYNE WLK.
THE GRANGE
CHANCTONBURY CHSE.
ST. MARGARETS CL.
FREEMAN'S CL.
CHURCH LANE
Country and Leisure Park
Blackmarsh Farm
SEASALTER LANE
APPLEGARTH PK.
BELLAVISTA LEISURE PARK
Camping Site
HOMING LEISURE PARK
THANET WAY
A299
The Oaks
PILGRIMS
Seasalter Dairy Farm
SEASALTER LEVEL
64
CANTERBURY
HARRIETS CORNER
Whitebridge Farm
SEASALTER LA.
Padgate
Mount Pleasant
Glynneath
Morverna
Fox's Cross
Sewage Works
FOX'S CROSS HILL
WRAIK HILL
DARGATE RD.
Fox's Cross Bottom
FOX'S CROSS HILL
Brook Dene Farm
Yorkletts
BARN CL.
GLEN WALK
FORD WALK
CHILDGATE RD.
Ellenden Farm
63
Uplands Farm
Highstreet
HIGHSTREET RD.
HIGHSTREET RD.
DARGATE
COOMBE
COOMBE WOOD
Faversham
SWALE
PLUMPUDDING LANE
Lamberhurst Farm
ME13
62
08
09
A B C D
1 2 3 4 5 6

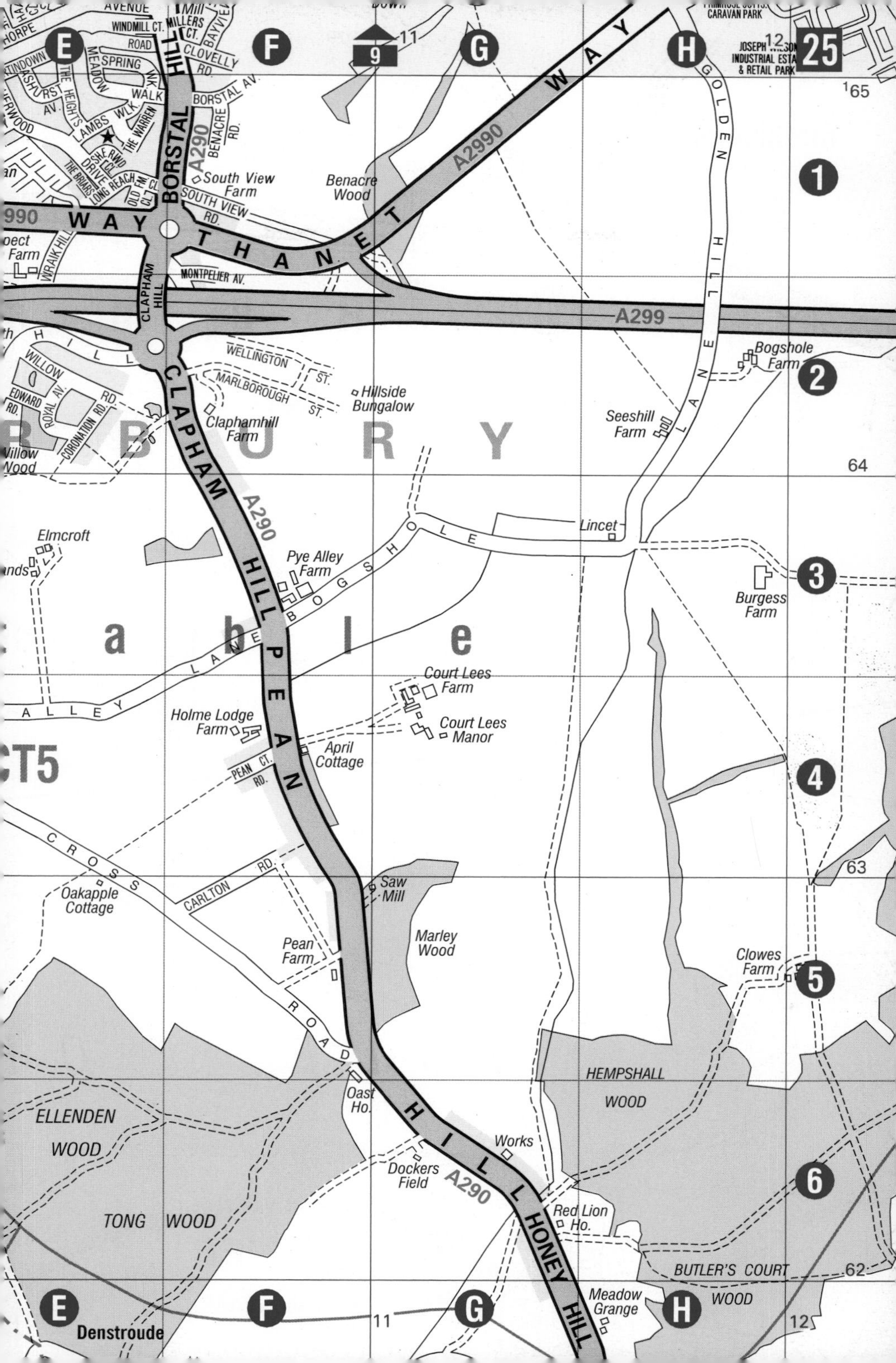

E
F
G
H
9
11
12
JOSEPH WILSON INDUSTRIAL ESTATE & RETAIL PARK
CARAVAN PARK
AVENUE
WINDMILL CT.
MILLERS CT.
BAYVIEW
ROAD
CLOVELLY RD.
SPRING
MEADOW
WALK
THE HEIGHTS
LAMBS WLK.
THE WARREN
BORSTAL AV.
BENACRE RD.
BORSTAL HILL
A290
South View Farm
SOUTH VIEW RD.
THE BRIARS
LONG REACH
SHERWOOD CL.
DRIVE
OLD FM. CL.
Benacre Wood
A2990
THANET WAY
WAY
GOLDEN HILL
LANE
MONTPELIER AV.
CLAPHAM HILL
WRAIK HILL
A299
WELLINGTON
ST.
MARLBOROUGH ST.
Hillside Bungalow
Claphamhill Farm
WILLOW
EDWARD RD.
ROYAL AV.
CORONATION RD.
RD.
Willow Wood
Bogshole Farm
Seeshill Farm
Lincet
Burgess Farm
BURY
Elmcroft
Pye Alley Farm
BOGSHOLE LANE
ALLEY
able
CLAPHAM HILL
PEAN HILL
PEAN
Court Lees Farm
Court Lees Manor
Holme Lodge Farm
April Cottage
PEAN CT. RD.
CT5
CROSS ROAD
CARLTON RD.
Oakapple Cottage
Saw Mill
Marley Wood
Pean Farm
Clowes Farm
HEMPSHALL WOOD
Oast Ho.
ELLENDEN WOOD
Works
Dockers Field
HILL
TONG WOOD
Red Lion Ho.
HONEY HILL
BUTLER'S COURT WOOD
Meadow Grange
Denstroude
1
2
3
4
5
6
165
64
63
62

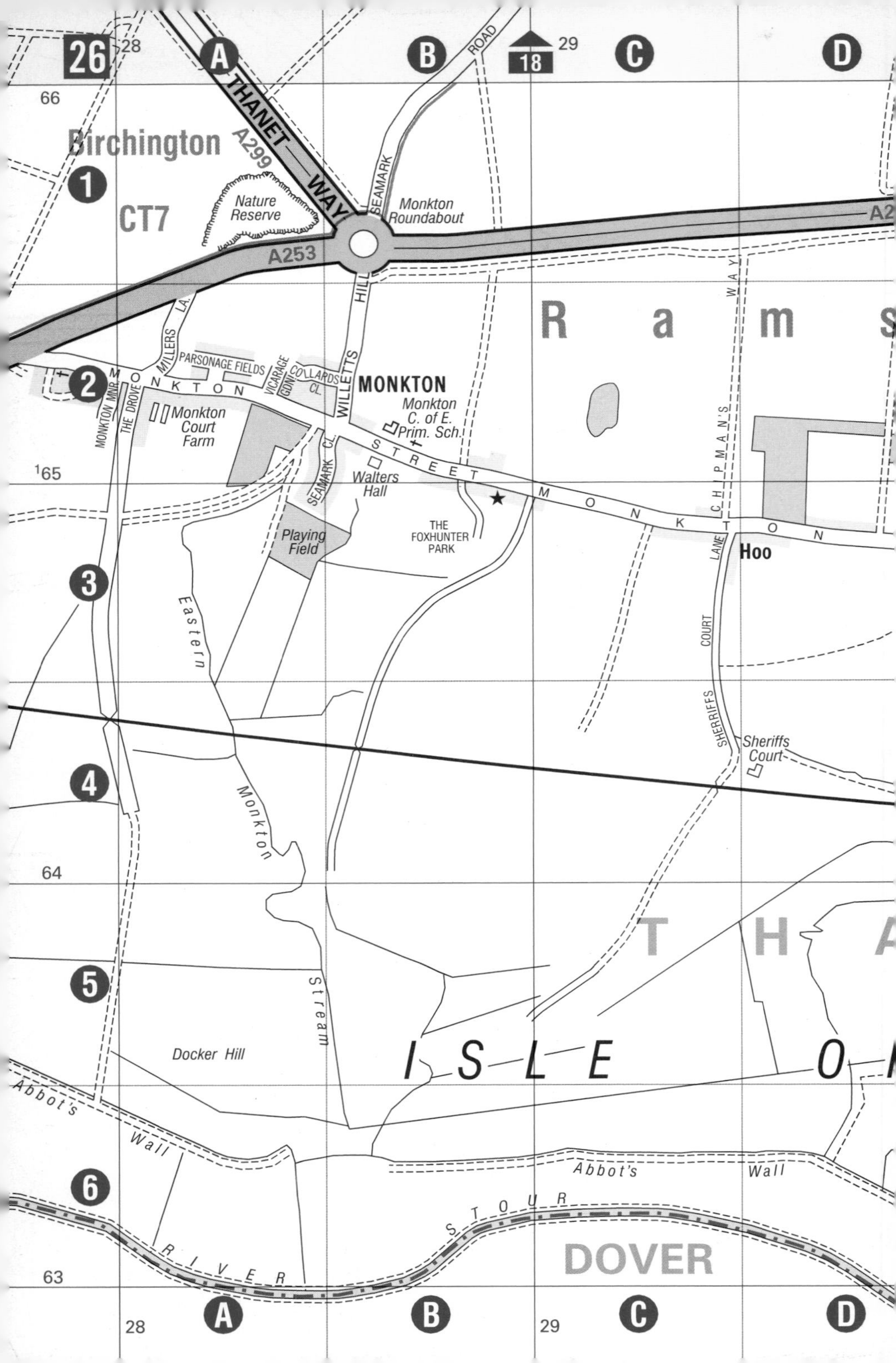

A
B
C
D
28
29
18
66
65
64
63
1
2
3
4
5
6
Birchington
CT7
A299
THANET WAY
Nature Reserve
A253
SEAMARK ROAD
Monkton Roundabout
SEAMARK HILL
A2
Rams
MILLERS LA.
PARSONAGE FIELDS
VICARAGE GDN.
COLLARDS CL.
WILLETTS
MONKTON
MONKTON MNR.
THE DROVE
MONKTON STREET
Monkton Court Farm
Monkton C. of E. Prim. Sch.
SEAMARK CL.
Walters Hall
MONKTON
THE FOXHUNTER PARK
CHIPMAN'S WAY
Playing Field
Hoo
COURT LANE
Eastern
SHERRIFFS
Sheriffs Court
Monkton
THA
Stream
Docker Hill
ISLE OF
Abbot's Wall
Abbot's Wall
STOUR
RIVER
DOVER

E
F
G
H
19
27
28
31
32
66
65
64
63
1
2
3
4
5
6
Telegraph Hill
Mount Pleasant
MINSTER RD.
B2048
SMUGGLERS LEAP PARK
A253
Depot
Minster-Thanet Cemetery
TELEGRAPH HILL INDUSTRIAL ESTATE
Dellside
SEMPLE CL.
SOUTHALL CL.
HILLHOUSE DR.
BURGESS CL.
FAIRFIELD RD.
GDNS.
ORCHARD CL.
GREEN HILL CL.
GREEN ROAD
BROCKMANS CL.
PROSPECT ROAD
PROSPECT GDNS.
EDGAR RD.
ROSE GS.
KENTON GS.
The Freehold
AUGUSTINE
FREEMAN'S
EGBERT RD.
TOTHILL STREET
FOXBOROUGH LANE
LAUNDRY ROAD
Hazeldene Farm
Wayborough Farm
Way Farm Cot
Way
Minster House
THE LANES
WAYSIDE CARAVAN PK.
WAYBOROUGH HILL
MINSTER
Pinks Corner
Eden Farm
The Orchards
THORNE RD.
TAYLOR RD.
DOMNEVA RD.
MARY'S RD.
NORTON DR.
SINGLETON CL.
HIGH ST.
MOLINEUX ROAD
Abbey Farm
COURT LANE
Minster Agricultural & Rural Life Mus.
Abbey Green
Fish Ponds
The Abbey
BEDLAM
Durlock
DURLOCK
Watchester Farm Cottages
Minster C. of E. Prim. Sch.
Rec. Grd.
ST. MILDRED'S RD.
Lib.
Watchester Farm
PETTS CRES.
GLEBE CT.
CHURCH ST.
CONYNGHAM RD.
ABBEY GRO.
RIVERS CT.
Durlock Farm
WATCHESTER LANE
STATION RD.
STATION APP.
CHEESMANS CL.
BARNETT CT.
Minster
T12
The Rough
Clapper Hill
N E T
THANET
Minster Stream
MARSH FARM ROAD
MINSTER MARSHES
Sewage Works
Boxlees Hill
Abbot's Wall
RIVER STOUR

32
A
B
R.A.F. Manston
20
33
C
D
66
1
MANSTON AIRPORT
A253
WAYBOROUGH HILL
Dellside
IVY COTTAGE HILL
HILL
Ivy Cottage
2
Way House
Way Farm Cotts.
Way
Piggery
Tennis Courts
Wayborough Farm
65
Way Farm
THORN
Red Cottages
Chapel (remains of)
Thorne Farm
Ramsgate
WAYSIDE CARAVAN PK.
LANES
GRINSELL
3
Thorne Cottages
Thorne
Spencer's Pond Cottages
HILL
CT12
27
ISLE OF THANET
COTTINGTON
Sevenscore
EBBSFLEET
Orchard View
4
LANE
Sevenscore Farm Cottages
Sevenscore Crossing
COTTINGTON
64
The Rough
Cottington Hill
Clapper Hill
THANET
5
MINSTER MARSHES
6
STONELEES GOLF COURSE
BROOK
Ebbsfleet Farm
Ebbsfleet
Club House
63
A
B
C
D
32
33
Abbot's Wall

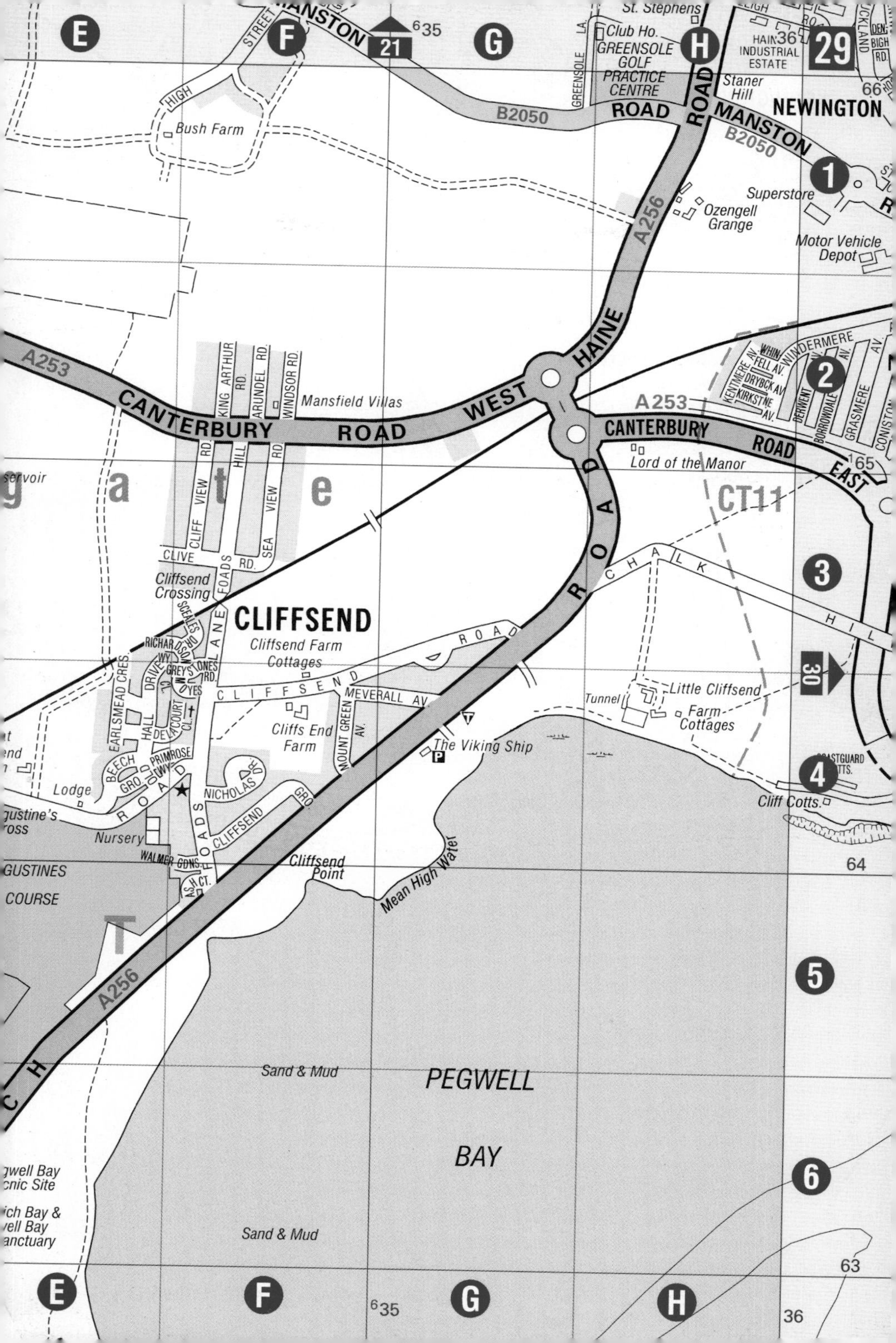

E
F
G
H
29
21
35
36
St. Stephens
Club Ho.
GREENSOLE GOLF PRACTICE CENTRE
HAINE INDUSTRIAL ESTATE
Staner Hill
NEWINGTON
MANSTON ROAD
B2050
Bush Farm
Superstore
Ozengell Grange
Motor Vehicle Depot
A256
HAINE ROAD
A253
CANTERBURY ROAD WEST
KING ARTHUR RD.
ARUNDEL RD.
WINDSOR RD.
Mansfield Villas
CANTERBURY ROAD EAST
WINDERMERE AV.
KENTMERE AV.
DERWENT AV.
BORROWDALE AV.
GRASMERE AV.
Lord of the Manor
CT11
CLIFF VIEW RD.
HILL
SEA VIEW RD.
CLIVE RD.
Cliffsend Crossing
FOADS LANE
CLIFFSEND
Cliffsend Farm Cottages
CLIFFSEND ROAD
CHALK HILL
MEVERALL AV.
MOUNT GREEN AV.
Cliffs End Farm
The Viking Ship
Little Cliffsend
Tunnel
Farm Cottages
Cliff Cotts.
Lodge
Nursery
NICHOLAS DR.
CLIFFSEND GRO.
FOADS
WALMER GDNS.
Cliffsend Point
Mean High Water
COURSE
Sand & Mud
PEGWELL BAY
1
2
3
4
5
6
30
64
63

NEWINGTON
Ramsgate
ST. LAWRENCE
Nethercourt
CHILTON
PEGWELL
CT12
MANSTON ROAD
B2050
NEWINGTON ROAD
B2014
HIGH ST.
ST. LAWRENCE
PARK
CANTERBURY RD. EAST
A253
CANTERBURY ROAD EAST
NETHERCOURT HILL
NETHERCOURT CIRCLE
LONDON ROAD
B2054
CHALK HILL
PEGWELL ROAD
MINSTER RD.
GRANGE RD.
ROYAL ESPLANADE
WESTERN UNDERCLIFF
MARGATE
A254
Hollicondane
Superstore
Ozengell Grange
Motor Vehicle Depot
Ramsgate Leisure Centre
Newington Co. Jun. Sch.
Playing Field
Nether Court Park
Southwood Sports Grd.
Bon Secours Nursing Home
Chilton Prim. Sch.
Coastguard Cotts.
Cliff Cotts.
Pegwell Bay Caravan Pk.
Court Stairs Park
Golf Course
Leisure Cen.
Mean High Water
Mean Low Water
Groynes
WEST CLIFF
NORTH
22
29

Hereson
EAST CLIFF
RAMSGATE
ROYAL HARBOUR
WESTERN FERRY TERMINAL
SEA
KING GEORGE VI MEMORIAL PARK
Royal Victoria Pavilion
Ramsgate Maritime Mus.
Yacht Marina
Boating Pool
Swimming Pool
Bandstand
Ramsgate Sands
East Pier
West Pier
Lighthouse
Lifeboat
Landing Stage
Mean Low Water
Sailors' Church
Bascule Bri.
Basin
Theatre
Outfall
Groyne
A255
A253
B2054
HERESON RD.
VICTORIA RD.
WELLINGTON CR.
ESPLANADE
MARINA
HARBOUR PARADE
ROYAL PDE.
WINTERSTOKE
UNDERCLIFF
CEMETERY
Dumpton Leisure Centre
23
39
40
66
65
64
63
E
F
G
H
1
2
3
4
5
6

Blean Bird Park
Druidstone Wildlife Pk.
Blean Common
Butler's Court
Plummers Farm
Arbele Farm
Walnut Tree Farm
BLEAN
COMMON
BLEAN HILL
TILE KILN HILL
WHITSTABLE ROAD
ST. THOMAS' HILL
WHITSTABLE
A290
Resevoir (covered)
Rec. Grd.
Hall
Blean
Yew Tree Farm
Rose Cottage
Church Cottage
TYLER HILL ROAD
Hothe Court Farm
The Halt
Little Well
CT2
Linden Lea
Hillside Farm
Green Acres
Stray Lees Farm
Luckett's Farm
Cante
Brotherhood Wood
Park Wood
University Playing Fields
Running Track
Play. Fld.
Swim. Pool
Prim. Sch.
Football Pitch
Estate Cen.
PARK WOOD ROAD
UNIVERSITY
Park Cottage
MOAT LANE
ROUGH COMMON
Playing Field
Moat
PARK ROAD
Franciscan Study Cen.
University Medical Cen.
Keynes College
Gorsefield
Kent College
Swim. Pool
Ten. Cts.
Nursery
Blean Woods Nature Reserve
St. Edmund's School
Beverley Farm
Hartland
HOMESTALL WOOD
STOCK WOOD
The Dell
Rough Common
Neal's Place
Sports Grnd.
The Grove
Hall Place
Willow Farm
Isabel Mead Farm
ST. DUNSTAN'S
Cemetery
36

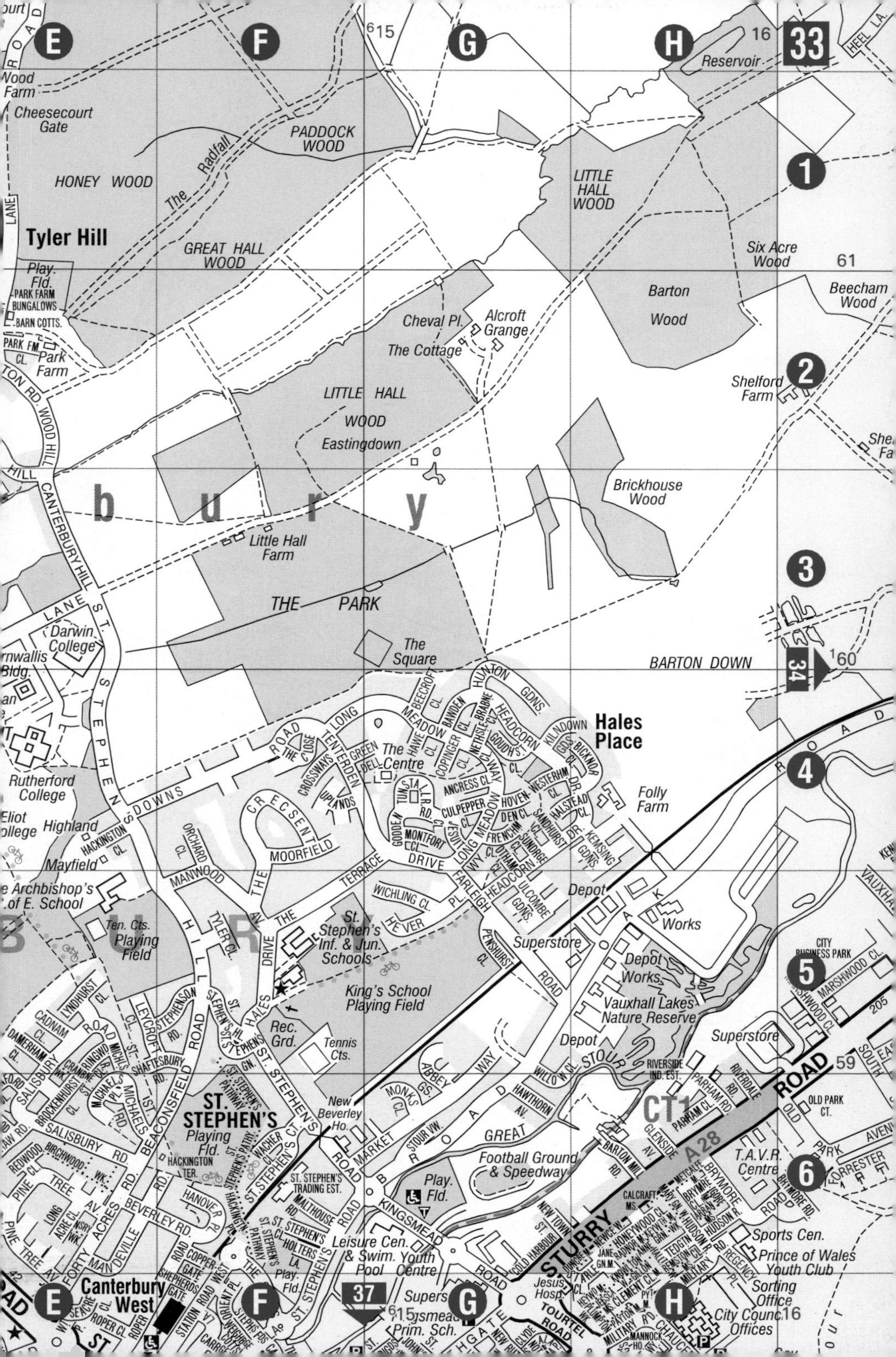

33
Tyler Hill
Hales Place
Canterbury West
ST. STEPHEN'S
CT1
HONEY WOOD
GREAT HALL WOOD
PADDOCK WOOD
LITTLE HALL WOOD
Cheesecourt Gate
Wood Farm
The Radfall
Six Acre Wood
Barton Wood
Beecham Wood
Shelford Farm
Cheval Pl.
Alcroft Grange
The Cottage
Eastingdown
Brickhouse Wood
Little Hall Farm
THE PARK
The Square
BARTON DOWN
Park Farm
Darwin College
Rutherford College
Highland
Mayfield
Folly Farm
Reservoir
The Centre
St. Stephen's Inf. & Jun. Schools
King's School Playing Field
Ten. Cts. Playing Field
Rec. Grd.
Tennis Cts.
Vauxhall Lakes Nature Reserve
Depot
Works
Superstore
Football Ground & Speedway
Play. Fld.
Leisure Cen. & Swim. Pool
Youth Centre
T.A.V.R. Centre
Sports Cen.
Prince of Wales Youth Club
Sorting Office
City Council Offices
CITY BUSINESS PARK
RIVERSIDE IND. EST.
ST. STEPHEN'S TRADING EST.
New Beverley Ho.
STURRY ROAD
A28
GREAT STOUR
34
37

Broad Oak
HERNE BAY ROAD
STURRY HILL
STURRY ROAD
SHALLOAK ROAD
SWEECHGATE
BROAD OAK ROAD
ROAD MILL
GREAT STOUR
Sweech Farm
Den Grove Wood
Beecham Wood
Six Acre Wood
Shelford Farm
Mead Manor
Broad Oak Farm
Priests Meadow
Lynne Wood
Dengrove Cottage
Broad Oak Lodge
Shooting School
Sturry Ct. Farm
Invergordon
Playing Field
Kings Sch.
Black Mill Bridge
White Mill Bridge
Broadoak Crossing
Dalmally Villas
Caravan Park Depot
Sewage Works
Vauxhall Ind. Est.
Canterbury City Retail Park
Marsh Farm
Park & Ride
City Business Park
Maybrook Ind. Est.
Superstore
Recreation Ground
Parkside County Primary School
CT1
Old Park
Canterbury Golf Course
Scotland Hills
Rifle Range
Sports Cen.
Prince of Wales Youth Club
Sorting Office
City Council Offices
Fordwich
Chequers Wood
Barton Down
Reservoir
A28
A291
33
38

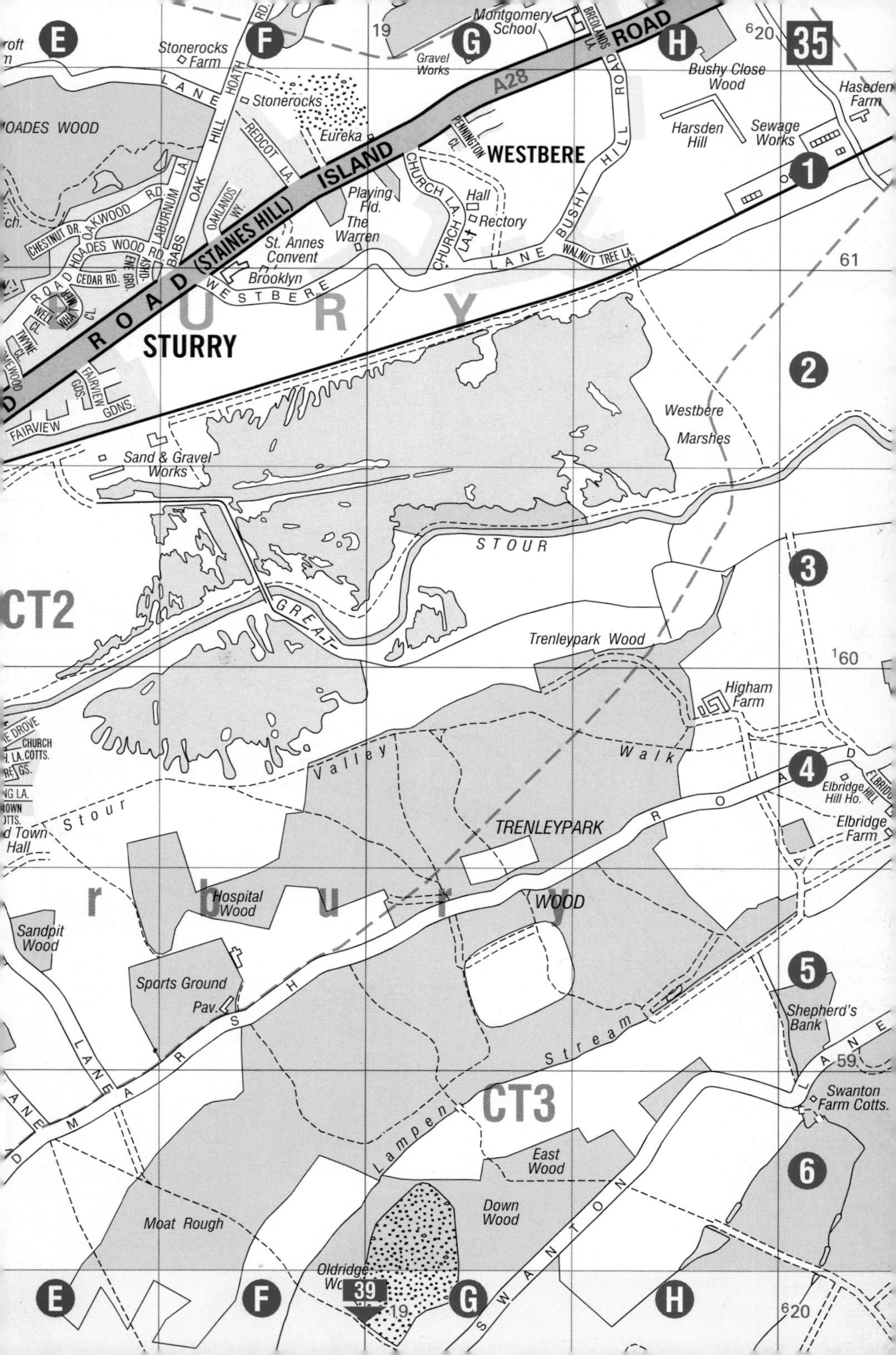
E
F
G
H
1
2
3
4
5
6
Stonerocks Farm
Montgomery School
Gravel Works
Bushy Close Wood
Haseden Farm
Harsden Hill
Sewage Works
HOADES WOOD
Stonerocks
Eureka
WESTBERE
ISLAND ROAD (STAINES HILL)
A28
Playing Fld.
The Warren
St. Annes Convent
Brooklyn
Hall
Rectory
WALNUT TREE LA.
BUSHY HILL ROAD
CHURCH LA.
PENNINGTON CL.
REDCOT LA.
HOATH
OAK HILL
OAKLANDS WY.
LABURNUM LA.
BABS
OAKWOOD RD.
CHESTNUT DR.
HOADES WOOD RD.
CEDAR RD.
WESTBERE LANE
BREDLANDS LA.
STURRY
FAIRVIEW GDNS.
FAIRVIEW
Sand & Gravel Works
Westbere Marshes
STOUR
GREAT STOUR
CT2
Trenleypark Wood
Higham Farm
Valley Walk
Stour
TRENLEYPARK WOOD
Elbridge Hill Ho.
Elbridge Farm
Hospital Wood
Sandpit Wood
Sports Ground
Pav.
MARSH ROAD
LANE
Lampen Stream
Shepherd's Bank
Swanton Farm Cotts.
CT3
East Wood
Down Wood
Moat Rough
Oldridge Wood
SWANTON LANE
19
620
61
160
59
39

Upper Harbledown
Willow Farm
Isabel Mead Farm
Havisham House
Hall Place
The Grove
HARBLEDOWN
A2050
BY-PASS
HATCH ROAD
CHARTHAM
St. Nicholas Hospital Almshouse
Kent College Inf. & Jun. Sch.
Hospital Farm
Golden Hill (N.T.)
HARBLEDOWN
ST. DUNSTAN'S
Cemetery
Pilgrims Hospice
Victoria Recreation
Bigbury Camp
Birchcroft
Pilgrims Cottage
Bigbury Farm
Merryweather
Gorse Meadow Farm
Playing Field
Beauherne Co. Prim. Sch.
Whitehall Farm
Sub.
CT2
Tonford Manor Farm
Tonford Manor
Whitegates
Centenary Walk
Tonford Lodge
Stour
Thanington Court Farm
Thanington Playing Fld.
Park & Ride
WINCHEAP INDUSTRIAL ESTATE
THANINGTON ROAD
ROAD
A28
A2
Warehouses
Club
THANINGTON WITHOUT
Milton Manor
ASHFORD
Cockering Farm
CANTER
Milton Manor Farm
Milton Manor Bungalow
Gravel Works
CT4
Larkey Valley Woods Picnic Site
LARKEY VALLEY WOOD
Nature Reserve
Filter Beds
Horton
Sewage Works
32

37
33
38
E
F
G
H
1
2
3
4
5
6
Canterbury West
ST. DUNSTAN'S ST.
ST. PETERS PL.
A2050 WAY
RHEIMS WY.
PIN HILL
RHODAUS TOWN
Canterbury East
BROAD ST.
MILITARY RD.
TOURTEL ROAD
LONGPORT
A257
NEW DOVER ROAD
A2050
OLD DOVER ROAD
NACKINGTON
B2068
A2
A28
Kingsmead Prim. Sch.
Youth Centre
Superstore
City Council Offices
Sorting Office
Law Cts.
Gov. Offs.
Christ Ch. Cath.
The King's Sch.
The Precincts
The Deanery
The Old Palace
Christ Church College
St. Augustine's Abbey (Ruins)
H.M.P. Canterbury
Barton Ct. Grammar Sch.
Smith's Hosp. Almshouses
St. Martin's
King George's Field
Canterbury College & Kent Institute, of Arts & Design
Playing Field
Canterbury Hlth. Cen.
Bingley's Island
Bingley Centre
Superstore
Tannery
Theatre
Mus.
Wks.
MARTYRS FIELD
Wincheap County Prim. Sch.
St. Nicholas Sch.
The Orchard School
NUNNERY FIELDS HOSPITAL
Works
CANTERBURY
DVROVERNVM (Roman Town)
CT1
Kent C.C. Club
St. Lawrence Cricket Ground
Indoor Ckt. Sch.
Ten. Cts.
KENT & CANTERBURY HOSPITAL
Ridlands Farm
Simon Langton Girl's School
Playing Field
Hallbank Cottages
Stuppington Hill Cottages
MERTON COTTS.
THE CHAUCER HOSPITAL
Simon Langton Grammar School for Boys
Playing Field
Stuppington Farm
Farnham House
STUPPINGTON LANE
MERTON LANE
LANGTON LA.
The Wilderness
Merton
St. Anselm Catholic School
615
16
58
57
56

OLD PARK
34
Prince of Wales Youth Club
Sorting Office
City Council Offices
Gov. Offs.
CHAUCER ROAD
Law Cts.
Gov. Offs
KINGS PARK
Rifle Range
Old Park Farm
Howe Barracks
SOBRAON WY.
VILLIERS ROAD
TALAVERA ROAD
Playing Field
WEMYSS WAY
SCOTLAND HILLS
CANTERBURY GOLF COURSE
Club Ho.
STODMARSH
LITTLEBOURNE
A257
ST. MARTIN'S HILL
St. Martin's
King George's Field
ST. MARTIN'S HOSPITAL
ST. MARTIN'S CARAVAN & CAMP SITE
BEKESBOURNE LANE
SPRING LANE
Chaucer Technology School
Little Barton Farm
Hoath Farm
WORCESTER LANE
Pilgrims Wy. Jun. Sch.
BARTONS BUS. PK.
CT1
North Elham WAY
APPLEDOWN WAY
Downs Valley Walk Way
Cowhouse Cottages
Haystack Wood
Simon Langton Girl's School
Playing Field
St. Anselm's Catholic School
DOVER ROAD
A2050
NEW DOVER ROAD
OLD DOVER ROAD
Park & Ride (Proposed)
Milestone Farm
HODDE
37
Canterbury

39
35
E
F
G
H
Moat Rough
Stream
Oldridge Wood
Down Wood
SWANTON LANE
Lampen
CT3
PINE WOOD
58
ROAD CANTERBURY ROAD
A257
Jacob's Close
Court Wood
Fishpool Wood
Firdown Wood
Farthings Wood
bury
Woolton Farm
Reservoir
Howletts Wild Animal Park
57
Howletts
Conduit Wood
SPRINGFIELD COTTAGES
CEMENT COTTAGES
Tennis Court
OAKLEIGH LA.
Bekesbourne Hill
BEKESBOURNE HILL
BEKESBOURNE LANE
LITTLEBOURNE ROAD
BEKESBOURNE LANE
LACKENDEN COTTS.
Well Chapel (rems. of)
Howletts Farm
RBURY
CT4
Bekesbourne
STATION APP.
Bourne
Linces Cotts.
Linces Wood
56
Nail
SCHOOL ROAD
Parsonage Farm
The Old Vicarage
Bekesbourne
CRANMER CL.
BIFRONS RD.
BEKESBOURNE RD.
BIFRONS
LANE
HILL
STATION
THE STREET
PATRIXBOURNE
Old Palace
OLD PALACE ROAD
Cobham Ct. (and rem. of Court House)
LANE
CHALK PIT HL.
Rec. Grd.
AERODROME RD
LYSANDER CL.
DE HAVILLANDS
1
2
3
4
5
6
19
620

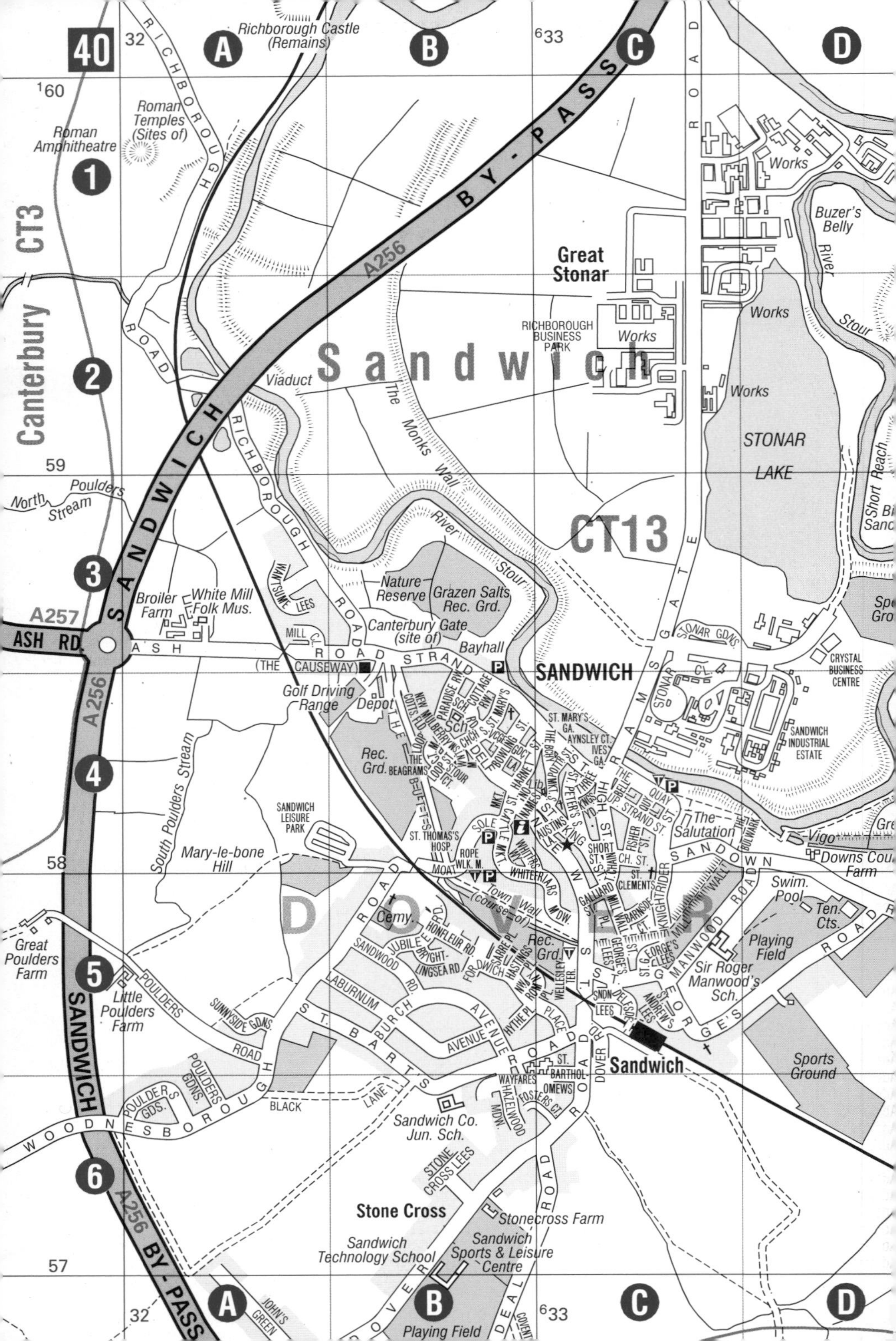
Richborough Castle (Remains)
Roman Temples (Sites of)
Roman Amphitheatre
RICHBOROUGH ROAD
SANDWICH BY-PASS
A256
Great Stonar
RICHBOROUGH BUSINESS PARK
Works
Sandwich
Viaduct
The Monks Wall
STONAR LAKE
Buzer's Belly
River Stour
Short Reach
CT13
CT3
Canterbury
North Poulders Stream
Nature Reserve
Grazen Salts Rec. Grd.
Canterbury Gate (site of)
Bayhall
SANDWICH
Broiler Farm
White Mill Folk Mus.
A257
ASH RD.
ASH ROAD
(THE CAUSEWAY)
STRAND ST.
Golf Driving Range
Depot
Rec. Grd.
SANDWICH LEISURE PARK
South Poulders Stream
Mary-le-bone Hill
ST. THOMAS'S HOSP.
ROPE WLK. M.
MOAT
Town Wall (course of)
STONAR GDNS.
STONAR CL.
CRYSTAL BUSINESS CENTRE
SANDWICH INDUSTRIAL ESTATE
RAMSGATE ROAD
THE QUAY
The Salutation
THE BULWARK
Vigo
Downs Court Farm
SANDOWN ROAD
Swim. Pool
Ten. Cts.
Playing Field
Sir Roger Manwood's Sch.
ST. GEORGE'S ROAD
Sports Ground
Cemy.
DOVER
Great Poulders Farm
Little Poulders Farm
POULDERS ROAD
SUNNYSIDE GDNS.
ST. BARTS ROAD
LABURNUM AVENUE
AVENUE
SANDWOOD RD.
JUBILEE RD.
HONFLEUR RD.
BRIGHTLINGSEA RD.
HYTHE PL.
Sandwich
DOVER RD.
ST. BARTHOLOMEWS
WAYFARES
HAZELWOOD MDW.
FOSTERS CT.
BLACK LANE
WOODNESBOROUGH ROAD
POULDERS GDNS.
Sandwich Co. Jun. Sch.
STONE CROSS LEES
Stone Cross
Stonecross Farm
Sandwich Technology School
Sandwich Sports & Leisure Centre
Playing Field
DEAL ROAD
DOVER ROAD
JOHN'S GREEN
A B C D
1 2 3 4 5 6
32
633
160
59
58
57

INDEX TO STREETS

Including Industrial Estates and a selection of Subsidiary Addresses.

IOW TO USE THIS INDEX

. Each street name is followed by its Postal District and then by its map reference; e.g. Abbey Gdns. *Cant* —6G **33** is in the Canterbury Posttown and is to be found in square 6G on page **33**.
A strict alphabetical order is followed in which Av., Rd., St., etc. (though abbreviated) are read in full and as part of the street name; e.g. Beaconfields appears after Beacon Av. but before Beacon Hill.

. Streets and a selection of Subsidiary names not shown on the Maps, appear in the index in *Italics* with the thoroughfare to which it is connected shown in brackets; e.g. *Alkali Row. Mgte —2G* ***5*** *(off King St.)*

;ENERAL ABBREVIATIONS

ll : Alley
pp : Approach
rc : Arcade
v : Avenue
k : Back
oulevd : Boulevard
ri : Bridge
'way : Broadway
ldgs : Buildings
us : Business
vn : Caravan
en : Centre
hu : Church
hyd : Churchyard
irc : Circle
ir : Circus
Clo : Close
Comn : Common
Cotts : Cottages
Ct : Court
Cres : Crescent
Dri : Drive
E : East
Embkmt : Embankment
Est : Estate
Gdns : Gardens
Ga : Gate
Gt : Great
Grn : Green
Gro : Grove
Ho : House
Ind : Industrial
Junct : Junction
La : Lane
Lit : Little
Lwr : Lower
Mnr : Manor
Mans : Mansions
Mkt : Market
M : Mews
Mt : Mount
N : North
Pal : Palace
Pde : Parade
Pk : Park
Pas : Passage
Pl : Place
Quad : Quadrant
Rd : Road
Shop : Shopping
S : South
Sq : Square
Sta : Station
St : Street
Ter : Terrace
Trad : Trading
Up : Upper
Vs : Villas
Wlk : Walk
W : West
Yd : Yard

'OSTTOWN AND POSTAL LOCALITY ABBREVIATIONS

col : Acol
ek : Bekesbourne
irch : Birchington
lean : Blean
ri : Bridge
Oak : Broad Oak
road : Broadstairs
End : Brooks End
room : Broomfield
ant : Canterbury
hes : Chestfield
'snd : Cliffsend
lift : Cliftonville
Dar : Dargate
Edd B : Eddington Bus. Pk.
Flete : Flete
F'wch : Fordwich
Gar : Garlinge
Harb : Harbledown
Haw : Hawthorn
H Bay : Herne Bay
Hoath : Hoath
L'brne : Littlebourne
Mans : Manston
Mgte : Margate
Min : Minster
Monk : Monkton
Pat : Patrixbourne
Pys R : Pysons Road Ind. Est.
Ram : Ramsgate
R Comn : Rough Common
St D : St Dunstans
St Law : St Lawrence
St Mil : St Mildreds
St N : St Nicholas at Wade
St Pet : St Peters
S'wch : Sandwich
Sarre : Sarre
Sea : Seasalter
Sturry : Sturry
T Hill : Tyler Hill
W'bre : Westbere
Wgte S : Westgate-on-Sea
W'wd : Westwood
Whits : Whitstable
Win : Wincheap
Win I : Wincheap Ind. Est.
Wdchu : Woodchurch
York : Yorkletts

NDEX TO STREETS

Abbey Gdns. *Cant* —6G **33**
bbey Ga. *Ram* —4B **30**
bbey Gro. *Min* —4G **27**
bbey Gro. *Ram* —4B **30**
bbots Barton Wlk. *Cant* —3H **37**
bbot's Hill. *Ram* —3E **31**
bbots Pl. *Cant* —1F **37**
col Hill. *Acol* —3F **19**
cton Rd. *Whits* —4F **9**
da Rd. *Cant* —4D **36**
ddington Pl. *Ram* —3E **31**
ddington Rd. *Mgte* —3H **5**
ddington Sq. *Mgte* —3H **5**
ddington St. *Mgte* —3H **5**
ddington St. *Ram* —3D **30**
ddiscombe Gdns. *Mgte* —4H **5**
ddiscombe Rd. *Mgte* —4A **6**
delaide Gdns. *Ram* —3E **31**
delaide Pl. *Cant* —2F **37**
disham Way. *Mgte* —4C **6**
dmiralty Wlk. *Whits* —6C **8**
drian M. *Wgte S* —4B **4**
Adrian Sq. *Wgte S* —4B **4**
Aerodrome Rd. *Bek* —6H **39**
Afghan Rd. *Broad* —5F **7**
Airedale Clo. *Mgte* —4A **6**
Aisne Dri. *Cant* —1B **38**
Albany Dri. *H Bay* —2B **12**
Alberta Cvn. Pk. *Sea* —1A **24**
Albert Ct. *Whits* —3F **9**
Albert Rd. *Broad* —6E **7**
Albert Rd. *Cant* —2H **37**
Albert Rd. *Mgte* —3F **5**
Albert Rd. *Ram* —2F **31**
Albert St. *Ram* —3D **30**
Albert St. *Whits* —3F **9**
Albert Ter. *Mgte* —3G **5**
Albert Vs. *Sturry* —4D **34**
Albhuera Sq. *Cant* —1B **38**
Albion Hill. *Ram* —3E **31**
Albion M. *Ram* —3E **31**
Albion Pl. *Cant* —1G **37**
Albion Pl. *Mgte* —2H **5**
Albion Pl. *Ram* —3E **31**
Albion Rd. *Birch* —6E **3**
Albion Rd. *Broad* —1E **23**
Albion Rd. *Clift* —2A **6**
Albion Rd. *Ram* —2F **31**
Albion St. *Broad* —3H **23**
Alderney Gdns. *Broad* —2E **23**
Aldridge Clo. *H Bay* —2H **11**
Alexandra Dri. *H Bay* —2A **12**
Alexandra Homes. *Mgte* —4G **5**
Alexandra Rd. *Birch* —2E **19**
Alexandra Rd. *Broad* —3H **23**
Alexandra Rd. *Flete* —2F **21**
Alexandra Rd. *Mgte* —5G **5**
Alexandra Rd. *Ram* —1D **30**
Alexandra Rd. *Whits* —5E **9**
Alexandra Ter. *Mgte* —4G **5**
Alfred Clo. *Cant* —4C **36**
Alfred Cotts. *Ram* —2E **31**
Alfred Rd. *Birch* —5B **2**
Alfred Rd. *Cant* —4C **36**
Alfred Rd. *Mgte* —4B **6**
Alicia Av. *Mgte* —5C **4**
Alington Ho. *Mgte* —3F **5**
Alison Clo. *Birch* —5F **3**
Alkali Row. Mgte —2G ***5*** *(off King St.)*
Alkham Clo. *Clift* —3F **7**
Alland Grange La. *Mans* —6A **20**
Allan Rd. *Sea* —6A **8**
Allen Av. *Wgte S* —6H **3**
Allenby Rd. *Ram* —5B **22**
Alliance Rd. *Ram* —3F **31**
All Saints' Av. *Mgte* —4E **5**
All Saints Clo. *Whits* —4G **9**
All Saints Ct. Cant —2F ***37*** *(off All Saints La.)*
All Saints Ind. Est. *Mgte* —4F **5**
All Saints La. *Cant* —2F **37**
Alma Cotts. *Sturry* —4D **34**
Alma Pl. *Cant* —1G **37**
Alma Pl. *Ram* —2E **31**
Alma Rd. *H Bay* —2F **13**
Alma Rd. *Mgte* —4H **5**
Alma Rd. *Ram* —1E **31**
Alma St. *Cant* —1G **37**
Almond Clo. *Broad* —3C **22**
Almond Clo. *Ches* —4D **10**
Alpha Rd. *Birch* —6E **3**
Alpha Rd. *Ram* —3D **30**

Alvis Av. *H Bay* —1G **11**
Amherst Clo. *Mgte* —4C **6**
Anchor Hill. *Mgte* —3H **5**
Ancress Clo. *Cant* —4G **33**
Anna Pk. *Birch* —5D **2**
Anne Clo. *Birch* —6F **3**
Anne Grn. Wlk. *Cant* —6H **33**
Anne's Rd. *Broad* —6H **7**
Ann's Rd. *Ram* —1E **31**
Anson Clo. *Pys R* —4D **22**
Anthony Clo. *Ram* —1B **30**
Anthony Cres. *Whits* —1D **24**
Anvil Clo. *Birch* —1E **19**
Appledore Clo. *Mgte* —4C **6**
Appledown Way. *Cant* —5B **38**
Applegarth Pk. *Sea* —1C **24**
Appola Rd. *H Bay* —3G **13**
Approach Rd. *Broad* —4G **23**
Approach Rd. *Mgte* —3A **6**
April Rise. *Birch* —5B **2**
April Rise. *Whits* —6D **8**
*Arcadian Flats. Mgte —2G **5***
(off Fort Hill)
Archway Rd. *Ram* —3E **31**
Arden Ct. *Cant* —3G **37**
Arden Rd. *H Bay* —5F **13**
Argyle Av. *Mgte* —4E **5**
*Argyle Cen, The. Ram —3E **31***
(off York St.)
Argyle Gdns. *Mgte* —4E **5**
Argyle Rd. *Whits* —4F **9**
Argyll Dri. *Ram* —6E **23**
Arkley Rd. *H Bay* —3D **12**
Arklow Sq. *Ram* —2F **31**
Arlington Gdns. *Mgte* —5C **6**
*Arlington Ho. Mgte —3F **5***
(off All Saints' Av.)
Arlington Sq. *Mgte* —3F **5**
Armstrong Aq. *H Bay* —2G **11**
Arnold Rd. *Mgte* —4H **5**
Arran M. *Cant* —6H **33**
Arthur Rd. *Birch* —5B **2**
Arthur Rd. *Mgte* —2A **6**
Artillery Gdns. *Cant* —1G **37**
*Artillery Ho. Cant —1G **37***
(off Victoria Row)
Artillery Rd. *Ram* —2F **31**
Artillery St. *Cant* —1G **37**
Arundel Rd. *C'snd* —2F **29**
Arundel Rd. *Mgte* —3B **6**
Ascot Gdns. *Wgte S* —6A **4**
Ashbee Gdns. *H Bay* —2G **13**
Ashburn Gdns. *H Bay* —2G **13**
Ashburnham Rd. *Ram* —2B **30**
Ash Clo. *Broad* —3C **22**
Ash Clo. *H Bay* —6D **12**
Ash Ct. *C'snd* —5F **29**
Ashdene Gro. *Sturry* —2E **35**
Ashdown Clo. *H Bay* —5F **13**
Ashenden Clo. *Cant* —5C **36**
Ashford Rd. *Cha & Cant* —6A **36**
Ashley Clo. *Ram* —5B **22**
Ashley Dri. *Sea* —6C **8**
Ash Rd. *Ash & S'wch* —3A **40**
Ashurst Av. *Whits* —1E **25**
Ashurst Gdns. *Clift* —2E **7**
Astor Rd. *Broad* —5F **7**
Athelstan Rd. *Cant* —5C **36**
Athelstan Rd. *Mgte* —2A **6**
Athol Rd. *Whits* —3H **9**
Auckland Av. *Ram* —6A **22**
Audley Av. *Mgte* —4C **4**
Augusta Pl. *Ram* —2F **31**
Augusta Rd. *Ram* —2F **31**
Augustine Rd. *Min* —3F **27**
Austin Av. *H Bay* —1F **11**
Austins La. *S'wch* —4C **40**
Avebury Av. *Ram* —1G **31**
Avenue Gdns. *Clift* —3C **6**
Avenue Rd. *H Bay* —2C **12**
Avenue Rd. *Ram* —2F **31**
Avenue, The. *Mgte* —4A **6**
Avon Clo. *Cant* —2A **38**
Avondale Clo. *Whits* —5A **10**
*Avondale Pl. Mgte —2G **5***
(off Market St.)
Aynsley Ct. *S'wch* —4C **40**
Ayton Rd. *Ram* —3C **30**

Babs Oak Hill. *Sturry* —1F **35**
Baddlesmere Rd. *Whits* —2A **10**
Badgers Clo. *Blean* —1A **32**
Baird's Hill. *Broad* —1F **23**
Bairdsley Clo. *Broad* —1F **23**
(in two parts)
Bakers Clo. *Cant* —3C **36**
Balcomb Cres. *Mgte* —5C **6**
Baliol Rd. *Whits* —3G **9**
Balliemoor Ct. *Ram* —6E **23**
Balliol Rd. *Broad* —6F **7**
Balmoral Pl. *Ram* —2F **31**
Balmoral Rd. *Mgte* —5D **4**
Banks, The. *Broad* —1F **23**
Bank St. *H Bay* —2D **12**
*Barbers Almshouses. Ram —3D **30***
(off Elms Av.)
Barley Ct. *H Bay* —5H **13**
Barn Clo. *York* —4C **24**
Barn Cotts. *T Hill* —2E **33**
Barn Cres. *Mgte* —4D **4**
Barnes Av. *Mgte* —4D **4**
Barnes Ct. *Cant* —4D **36**
Barnesende Ct. *S'wch* —5C **40**
Barnet's La. *B Oak* —1B **34**
Barnett Ct. *Min* —4F **27**
Barnett Ct. *Ram* —6B **22**
Barnfield. *H Bay* —5A **12**
Barrington Cres. *Birch* —6F **3**
Barrows Clo. *Birch* —1E **19**
Bartlett Dri. *Whits* —4A **10**
Bartonfields Ct. *Cant* —3H **37**
Barton Mill Rd. *Cant* —6H **33**
Barton Rd. *Cant* —4A **38**
Bartons Bus. Pk. *Cant* —4B **38**
Bath Pl. *Mgte* —2H **5**
Bath Rd. *Mgte* —3H **5**
Bathurst Clo. *Ram* —6B **22**
Bawden Clo. *Cant* —4G **33**
*Bay View Heights. Birch —5B **2***
(off Ethelbert Rd.)
Bay View Rd. *Broad* —5G **23**
Bayview Rd. *Whits* —6F **9**
*Beach All. Whits —3F **9***
(off Island Wall)
Beach Av. *Birch* —5D **2**
Beach Houses. *Mgte* —3E **5**
Beach Ride. *Wgte S* —4B **4**
Beach Rd. *Wgte S* —4B **4**
Beach St. *H Bay* —2D **12**
Beach Wlk. *Whits* —2G **9**
Beacon Av. *H Bay* —2F **13**
Beaconfields. *Sea* —1B **24**
Beacon Hill. *H Bay* —2E **13**
Beacon Rd. *Broad* —1E **23**
Beacon Rd. *H Bay* —3E **13**
Beaconsfield Gdns. *Broad* —2F **23**
Beaconsfield Rd. *Cant* —6E **33**
Beacon Wlk. *H Bay* —2E **13**
Beagrams, The. *S'wch* —4B **40**
Beamont Clo. *Mans* —5B **20**
Beatrice Rd. *Mgte* —5G **5**
Beaufort Av. *Ram* —1B **30**
Beaumanor. *H Bay* —4E **13**
Beaumont St. *H Bay* —4A **12**
Becket Av. *Cant* —1D **36**
Becket Clo. *Whits* —4B **10**
Becket Ho. *Cant* —3G **37**
Becket M. *Cant* —1F **37**
Bedford Ct. *Broad* —2H **23**
*Bedford Sq. Ram —5B **22***
(off Stirling Way.)
Bedford Way. *St N* —6F **17**
Bedlam Ct. La. *Min* —4G **27**
Beechcroft *Ches* —4D **10**
Beechcroft Gdns. *Ram* —1F **31**
Beech Dri. *Broad* —3D **22**
Beech Gro. *C'snd* —4E **29**
Beecroft Clo. *Cant* —4G **33**
Beer Cart La. *Cant* —2F **37**
Bekesbourne Hill. *Bek* —5F **39**
Bekesbourne La. *Cant & Lit* —2C **38**
Bekesbourne La. *L'brne* —4H **39**
Bekesbourne Rd. *L'brne* —4H **39**
Bekesbourne Rd. *Pat* —6E **39**
Belgrave Clo. *Ram* —2D **30**
Belgrave Rd. *Mgte* —3G **5**
Belgrave Rd. *Ram* —2D **30**
Bellavista Leisure Pk. *Sea* —1C **24**
Bell Davies Dri. *Mans* —6B **20**
Bellevue Av. *Ram* —2F **31**
Belle Vue Cotts. *H Bay* —4H **13**
Belle Vue Rd. *H Bay* —2E **13**
Bellevue Rd. *Ram* —2F **31**
Bellevue Rd. *Whits* —5H **9**
Bell La. *S'wch* —4C **40**
*Belmont Ct. Ram —2D **30***
(off Park Rd.)
Belmont Rd. *Broad* —3G **23**
Belmont Rd. *Wgte S* —5B **4**
Belmont Rd. *Whits* —4F **9**
Belmont St. *Ram* —2E **31**
Beltinge Dri. *H Bay* —2A **14**
Beltinge Rd. *H Bay* —2E **13**
Belton Clo. *Whits* —5G **9**
Belvedere Rd. *Broad* —3H **23**
Benacre Rd. *Whits* —1F **25**
Bengal Rd. *Ram* —6A **22**
Bennells Av. *Whits* —3A **10**
Benstede Clo. *H Bay* —6E **13**
Bentley Av. *H Bay* —1H **11**
Beresford Gap. *Birch* —5D **2**
Beresford Gdns. *Mgte* —2C **6**
Beresford Rd. *Ram* —3D **30**
Beresford Rd. *Whits* —4F **9**
Berkeley Rd. *Birch* —5D **2**
Best La. *Cant* —2F **37**
Beverley Rd. *Cant* —6E **33**
Beverley Way. *Ram* —6C **22**
Beverly Clo. *Birch* —5F **3**
Bexley St. *Whits* —3F **9**
Bhutan Rd. *H Bay* —3G **13**
Bicknor Clo. *Cant* —4H **33**
*Biddenden Clo. Mgte —4C **6***
(off Denton Way.)
Bierce Ct. *Birch* —6D **2**
Bifrons Hill. *Pat* —6E **39**
Bifrons Rd. *Bek* —6F **39**
Bigbury Rd. *Cha H* —2A **36**
Biggleswade Pas. *Cant* —3E **3**
Bilton Sq. *Mgte* —3G **5**
Binnie Clo. *Broad* —5F **23**
Birch Clo. *Broad* —4C **22**
Birches, The. *Birch* —6F **3**
Birch Hill Ct. *Birch* —6F **3**
Birch Rd. *Whits* —5A **10**
Birchwood Wlk. *Cant* —6E **3**
Birds Av. *Mgte* —6D **4**
Birkdale Gdns. *H Bay* —5B **1**
Bishopden Ct. *Cant* —4C **32**
Bishop's Av. *Broad* —1H **23**
Bishopstone Dri. *H Bay* —1B **1**
Bishopstone La. *H Bay* —2B **1**
Bishops Way. *Cant* —1D **36**
Blackburn Rd. *H Bay* —3H **1**
Blackfriars St. *Cant* —1F **37**
(in two parts)
Black Griffin La. *Cant* —2F **3**
(in two parts)
Black La. *S'wch* —6A **40**
Blackstable Ct. *Whits* —5F **9**
Blean Comn. *Blean* —1A **32**
Blean Hill. *Blean* —3A **32**
Blean View Rd. *H Bay* —3H **1**
Blenheim Av. *Cant* —1B **38**
Blenheim Clo. *H Bay* —6E **1**
Blenheim Clo. *Pys R* —4D **2**
Bloomsbury Rd. *Ram* —3C **3**
Blue Anchor Cvn. Pk. *Sea* —6A
Bluebell Woods Cvn. Pk. *B O.* —2B **3**
Blue Dolphin Pk. *H Bay* —1E **1**
Bognor Dri. *H Bay* —3B **12**
Bogshole La. *H Bay* —4H **13**
(in two parts)
Bogshole La. *Whits* —3F **25**
Boleyn Av. *Mgte* —4C **4**
Boleyn Ct. *Cant* —2H **37**
Bolton St. *Ram* —1D **30**
*Bonners All. Whits —3F **9***
(off Middle Wall)
Booth Pl. *Mgte* —2H **5**
Borough, The. *Cant* —1G **37**
Borrowdale Av. *Ram* —2A **3**
Borstal Av. *Whits* —1F **25**
Borstal Hill. *Whits* —1F **25**
Botany Rd. *Broad* —4F **7**
Boughton Av. *Broad* —5G **23**
Boundary Ct. *Cant* —4H **37**
Boundary Rd. *Cant* —4D **36**
Boundary Rd. *Ram* —2E **31**
Bourne Lodge Clo. *Blean* —1A **3**

Bournemouth Dri. *H Bay* —2B **12**
Bournes Clo. *Sturry* —1D **34**
Bowes Av. *Mgte* —4C **4**
Bowes Ct. *Whits* —3A **10**
Bowes La. *H Bay* —4E **13**
Bowland Clo. *H Bay* —5G **13**
Bowling St. *S'wch* —4B **40**
Bowyer Rd. *Sea* —6B **8**
Boyden Ga. Hill. *Hoath* —6C **14**
Boyden Hill. *Hoath* —6B **14**
Brabourne Clo. *Cant* —4G **33**
Bracken Ct. *Broad* —2E **23**
Bradgate Pk. *Mgte* —3G **21**
Bradley Rd. *Ram* —6C **22**
Bradstow Way. *Broad* —2F **23**
Bramblefields Clo. *H Bay* —5F **13**
Bramcote Wlk. *Ram* —2C **30**
Bramley Av. *Cant* —4C **36**
Bramshaw Rd. *Cant* —6E **33**
Brandon Rd. *Ram* —6A **22**
Brandon Way. *Birch* —1F **19**
Brassey Av. *Broad* —4F **23**
Brecon Sq. *Ram* —6A **22**
Bredlands La. *Hoath* —1H **35**
Brian Roberts Ho. H Bay (off Beach St.) —2D **12**
Briars, The. *Whits* —1E **25**
Briars Wlk. *Broad* —4F **23**
Briary Clo. *Mgte* —5B **4**
Bridewell Pk. *Whits* —4A **10**
Bridge App., The. *Whits* —4H **9**
Bridgefield Ct. *Whits* —2B **10**
Bridgefield Rd. *Whits* —2B **10**
Bridge Ho. *Ram* —2C **30**
Bridge Rd. *Mgte* —5C **4**
Bridges Clo. *St N* —5E **17**
Bridgeway. *Whits* —3H **9**
Bridle Way. *H Bay* —4B **12**
Bridleway Gdns. *Broad* —4E **23**
Brightlingsea Rd. *S'wch* —5B **40**
Bright's Pl. *Ram* —2F **31**
Brisbane Dri. *Ram* —6A **22**
Bristol Pl. *Ram* —2D **30**
Bristol Rd. *Cant* —4F **37**
Britannia Av. *Whits* —6D **8**
Broadlands. *Sturry* —2D **34**
Broadlands Ind. Est. *Blean* —1A **32**
Broadley Av. *Birch* —2D **18**
Broadley Rd. *Broad* —6C **6**
Broad Oak Rd. *Cant* —6G **33**
Broadstairs Rd. *Broad* —2D **22**
Broad St. *Cant* —1G **37** (in two parts)
Broad St. *Mgte* —2G **5**
Broad St. *Ram* —2E **31**
Broadway, The. *Broad* —3F **23**
Broadway, The. *H Bay* —2A **12**
Broadway, The. *Ram* —3D **30**
Brockenhurst Clo. *Cant* —6E **33**
Brockenhurst Rd. *Ram* —1F **31**
Brockley Rd. *Mgte* —3H **5**
Brockmans Clo. *Min* —2F **27**
Bromstone M. *Broad* —4E **23**
Bromstone Rd. *Broad* —4E **23**
Brook Clo. *H Bay* —4A **12**
Brooke Av. *Mgte* —6D **4**
Brooklands Clo. *F'wch* —4D **34**
Brook La. *H Bay* —2D **14**
Brook La. *Ram* —6A **28**
Brook Rd. *Whits* —2C **10**
Broomfield Cres. *Clift* —3F **7**
Broomfield La. *H Bay* —5H **13**
Broomfield Rd. *H Bay* —6F **13**
Brotherhood Clo. *Cant* —4D **32**
Brown Cotts. *F'wch* —4E **35**
Brunswick Ct. Ram —2E **31** *(off Hardres St.)*
Brunswick Rd. *Birch* —2E **19**
Brunswick Sq. *H Bay* —2C **12**
Brunswick St. *Ram* —2E **31**
Brymore Clo. *Cant* —6H **33**
Brymore Rd. *Cant* —6H **33**
Buckhurst Dri. *Clift* —3F **7**
Buckingham Rd. *Broad* —3H **23**
Buckingham Rd. *Mgte* —4G **5**
Buckingham Rd. *Whits* —3B **10**
Buenos Aryes. *Mgte* —3F **5**
Buller Gro. *Sea* —1D **24**
Buller's Av. *H Bay* —3C **12**
Bullockstone Rd. *H Bay* —6B **12**
Bulwark, The. *S'wch* —4D **40**
Burch Av. *S'wch* —5B **40**
Burgate. *Cant* —2G **37**
Burgate La. *Cant* —2G **37**
Burgess Clo. *Min* —2G **27**
Burlington Dri. *H Bay* —2H **13**
Burlington Gdns. *Mgte* —5E **5**
Burma Cres. *Cant* —1B **38**
Burnan Rd. *Whits* —3C **10**
Bursill Cres. *Ram* —6B **22**
Burton Fields. *H Bay* —3F **13**
Bush Av. *Ram* —6B **22**
Bushy Hill Rd. *W'bre* —1G **35**
Butchery La. *Cant* —2F **37**
Butchery, The. *S'wch* —4C **40**
Butts Ho. Cant —1G **37** *(off Artillery Rd.)*
Butts, The. *S'wch* —4B **40**
Buxton Rd. *Ram* —5B **22**
Byron Av. *Mgte* —4H **5**
Byron Clo. *Cant* —3A **38**

Cadnam Clo. *Cant* —5E **33**
Caernarvon Gdns. *Broad* —2H **23**
Calais Hill. *T Hill* —2D **32**
Calcraft M. *Cant* —6H **33**
Caledon Ter. *Cant* —3G **37**
Callis Ct. Rd. *Broad* —1F **23**
Calverden Rd. *Ram* —6A **22**
Cambourne Av. *Wgte S* —5H **3**
Cambrai Ct. *Cant* —1B **38**
Cambrian Cotts. *Ram* —3D **30**
Cambridge Clo. *Birch* —6F **3**
Cambridge Rd. *Cant* —3F **37**
Cambridge Ter. *Mgte* —4B **6**
Cambridge Way *Cant* —4F **37**
Camden Cotts. Ram —3E **31** *(off Camden Rd.)*
Camden Rd. *Broad* —6E **7**
Camden Rd. *Ram* —3E **31**
Camden Sq. *Ram* —2E **31**
Camellia Clo. *Mgte* —5D **4**
Campbell Clo. *H Bay* —4G **13**
Cannonbury Rd. *Ram* —3D **30**
Cannon Rd. *Ram* —2D **30**
Canon Appleton Ct. *Cant* —3E **37**
Canterbury Bus. Cen., The. *Cant* —2F **37**
Canterbury City Retail Pk. *Cant* —4B **34**
Canterbury Clo. *Broad* —2D **22**
Canterbury Hill. *T Hill* —3E **33**
Canterbury La. *Cant* —2G **37**
Canterbury Rd. *B End & Birch* —4H **17**
Canterbury Rd. *H Bay* —4E **13** (in two parts)
Canterbury Rd. *St N* —6E **17**
Canterbury Rd. *Sarre & Wgte S* —6F **17**
Canterbury Rd. *Wgte S & Mgte* —5H **3**
Canterbury Rd. *Whits* —5F **9**
Canterbury Rd. E. *Ram* —2H **29**
Canterbury Rd. W. *C'snd* —2E **29**
Canute Rd. *Birch* —5B **2**
Capel Clo. *Broad* —4F **7**
Carey Ho. Cant —3F **37** *(off Station Rd. E.)*
Carlton Av. *Broad* —2G **23**
Carlton Av. *Ram* —3D **30**
Carlton Hill. *H Bay* —3A **12**
Carlton Mans. *Mgte* —2A **6**
Carlton Rise. *Wgte S* —5G **3**
Carlton Rd. *Whits* —5F **25**
Carlton Rd. E. *Wgte S* —5H **3**
Carlton Rd. W. *Wgte S* —5G **3**
Carn Brea. *Mgte* —3H **5**
Caroline Clo. *Whits* —1D **24**
Caroline Cres. *Broad* —1E **23**
Caroline Sq. *Mgte* —2H **5**
Carriage M. *Cant* —1F **37**
Carroway's Pl. *Mgte* —3H **5**
Castle Av. *Broad* —1H **23**
Castle Mkt. *S'wch* —4B **40**
Castle Mayne Av. *Wdchu* —4B **20**
Castle Rd. *Whits* —3G **9**
Castle Row. *Cant* —3F **37**
Castle St. *Cant* —3F **37**
Castle, The. *Whits* —2G **9**
Catherine Way. *Broad* —1G **23**
Causeway, The. *Cant* —1F **37**
Causeway, The. *S'wch* —3A **40**
Cavendish Ct. H Bay —2E **13** *(off Cavendish Rd.)*
Cavendish Pl. *Ram* —3E **31**
Cavendish Rd. *H Bay* —3E **13**
Cavendish St. *Ram* —2E **31**
Caxton Rd. *Mgte* —5D **4**
Cecil Ct. *H Bay* —3E **13**
Cecilia Gro. *Broad* —1F **23**
Cecilia Rd. *Ram* —1E **31**
Cecil Pk. *H Bay* —3E **13**
Cecil Sq. *Mgte* —3G **5**
Cecil St. *Mgte* —3G **5**
Cedar Clo. *Broad* —6F **7**
Cedar Clo. *Mgte* —4B **6**
Cedar Rd. *Sturry* —2D **34**
Cedarview. *Cant* —1C **36**
Cedric Rd. *Wgte S* —4A **4**
Cement Cotts. *Bek* —5E **39**
Central Av. *H Bay* —2B **12**
Central Rd. *Ram* —1D **30**
Centre, The. *Mgte* —3G **5**
Centre, The. *Ram* —6A **22**
Chafy Cres. *Sturry* —3D **34**
Chain, The. *S'wch* —5C **40**
Chalford Dri. *H Bay* —5H **13**
Chalk Hill. *C'snd* —3H **29**
Chalkpit Hill. *Bek* —6H **39**
Challock Ct. *Clift* —3F **7**
Chamberlain Dri. *H Bay* —1H **11**
Chambers Wall. *St N* —4B **16**
Chancel Ct. *Cant* —1D **36**
Chanctonbury Chase. *Sea* —1C **24**
Chandos Rd. *Broad* —3H **23**
Chandos Sq. *Broad* —3H **23**
Channel Rd. *Mgte* —1A **22**
Channel View Ct. Ram —2F **31** *(off Granville Marina)*
Chantry Ct. *Cant* —1F **37**
Chapel Cottage. *H Bay* —5H **13**
Chapel Cotts. *H Bay* —4H **13**
Chapel Hill. *Mgte* —6H **5**
Chapel Hill Clo. *Mgte* —6H **5**
Chapel La. *Blean* —1A **32**
Chapel La. *B Oak* —1B **34**
Chapel La. *Sturry* —3D **34**
Chapel Pl. *Birch* —6E **3**
Chapel Pl. *Ram* —3D **30**
Chapel Pl. La. *Ram* —2D **30**
Chapel Rd. *Ram* —2C **30**
Chapel Row. *H Bay* —6E **13**
Chapel St. *H Bay* —2E **13**
Charing Clo. *Ram* —1C **30**
Charing Cres. *Wgte S* —6H **3**
Charles Rd. *Ram* —1E **31**
Charles St. *H Bay* —2D **12**
Charleston Ct. Broad —4H **23** *(off W. Cliff Rd.)*
Charlesworth Dri. *Birch* —6F **3**
Charlotte Ct. *Ram* —3E **31**
Charlotte Pl. *Mgte* —3H **5**
Charlotte St. *Broad* —3H **23**
Charlton Clo. *Ram* —5B **22**
Charnwood *Ches* —4D **10**
Charnwood Rd. *H Bay* —6F **13**
Chartham Hatch Rd. *Harb* —1A **36**
Chartham Ter. Ram —4D **30** *(off St Augustines Rd.)*
Chartwell Av. *H Bay* —3H **13**
Chatham Ct. *Ram* —1D **30**
Chatham Pas. Ram —2E **31** *(off Chatham St.)*
Chatham Pl. *Ram* —2E **31**
Chatham St. *Ram* —2D **30**
Chatsworth M. *Ram* —3C **30**
Chaucer Av. *Whits* —4B **10**
Chaucer Clo. *Cant* —3A **38**
Chaucer Ct. *Cant* —3H **37**
Chaucer Rd. *Broad* —4G **23**
Chaucer Rd. *Cant* —1H **37**
Cheesmans Clo. *Min* —4G **27**
Chelsea Rd. *Cant* —4A **34**
Cheriton Av. *Ram* —1B **30**
Cherry Av. *Cant* —6D **32**

Cherry Ct. *Cant* —5C **36**
Cherry Dri. *Cant* —6C **32**
Cherry Garden Rd. *Cant* —6D **32**
Cherry Gdns. *Broad* —4C **22**
Cherry Gdns. *H Bay* —4C **12**
Cherry Orchard. *Ches* —6C **10**
Cherry Tree Gdns. *Ram* —4B **22**
Chester Rd. *Wgte S* —5B **4**
Chestfield Ind. Est. *Ches* —4B **10**
Chestfield Rd. *Ches* —4C **10**
Chestnut Av. *Blean* —2A **32**
Chestnut Dri. *Broad* —3D **22**
Chestnut Dri. *H Bay* —5B **12**
Chestnut Dri. *Sturry* —1E **35**
Cheviot Ct. *Broad* —2H **23**
Chichester Rd. *Ram* —6B **22**
Childgate Rd. *York* —5B **24**
Chilham Av. *Wgte S* —6H **3**
Chilton La. *Ram* —3A **30**
Chipman's Way. *Ram* —3C **26**
Chislet Ct. *H Bay* —2C **12**
Chrysler Av. *H Bay* —1G **11**
Church Av. *Ram* —3D **30**
Church Cotts. *F'wch* —4E **35**
Church Ct. Gro. *Broad* —1E **23**
Churchfield Pl. *Mgte* —3G **5**
Churchfields. *Broad* —6F **7**
Churchfields. *Mgte* —4H **5**
Church Hill. *Harb* —1C **36**
Church Hill. *Ram* —2E **31**
Churchill Av. *H Bay* —3H **13**
Churchill Rd. *Cant* —4A **38**
Church La. *Cant* —1G **37** (St Radigund's St.)
Church La. *Cant* —2F **37** (Stour St.)
Church La. *F'wch* —4E **35**
Church La. *Sea* —1C **24**
Church La. *Sturry* —3D **34**
Church La. *W'bre* —1G **35**
Church Rd. *Broad* —3H **23**
Church Rd. *Mgte* —4H **5**
Church Rd. *Ram* —2E **31**
Church Sq. *Broad* —3H **23**
Church St. *Broad* —1E **23**
Church St. *Mgte* —4H **5**
Church St. *Min* —4G **27**
Church St. *S'wch* —4C **40**
Church St. *St D* —1E **37**
Church St. *Whits* —4H **9**
Church St. St Mary's. *S'wch* —4B **40**
Church St. St Paul's. *Cant* —2G **37**
Church View. *H Bay* —3G **13**
Church Way. *Whits* —2D **10**
Church Wood Clo. *R Comn* —6B **32**
Churchwood Dri. *Ches* —4D **10**
Cinder Path. *Broad* —3G **23**
Citroen Clo. *H Bay* —1H **11**
City Bus. Pk. *Cant* —5A **34**
City View. *Cant* —2C **36**
Claire Ct. *Broad* —2H **23**
Clapham Hill. *Whits* —2E **25**
Clare Dri. *H Bay* —5A **12**
Claremont Gdns. *Ram* —2C **30**
Claremont Pl. *Cant* —3F **37**
Claremont Pl. *Ram* —1E **31**
Claremont St. *H Bay* —4A **12**
Clarence Av. *Clift* —3D **6**
Clarence Rd. *H Bay* —2B **12**
Clarence Rd. *Ram* —3B **30**
Clarence St. *H Bay* —2C **12**
Clarendon Gdns. *Ram* —3D **30**
Clarendon M. *Broad* —3G **23**
Clarendon Rd. *Broad* —3G **23**
Clarendon Rd. *Mgte* —3A **6**
Clarendon St. *H Bay* —3A **12**
Clare Rd. *Whits* —3G **9**
Cleaver La. *Ram* —2E **31**
Clement Clo. *Cant* —1H **37**
Clementine Clo. *H Bay* —3H **13**
Clement's Rd. *Ram* —5C **22**
Cliff Av. *H Bay* —2G **13**
Cliff Dri. *H Bay* —3A **12**
Cliffe Av. *Mgte* —4D **4**
Cliff Field. *Wgte S* —5G **3**
Clifford Rd. *Whits* —5H **9**
Cliff Promenade. *Broad* —6H **7**
Cliff Rd. *Birch* —5C **2**
Cliff Rd. *Broad* —6H **7**
Cliff Rd. *Whits* —2H **9**
Cliff Sea Gro. *H Bay* —3A **12**
Cliffsend Gro. *C'snd* —4F **29**
Cliffsend Rd. *C'snd* —4F **29**
Cliffside Dri. *Broad* —6G **23**
Cliff St. *Ram* —3E **31**
Cliff Ter. *Mgte* —2H **5**
Clifftown Gdns. *H Bay* —1H **11**
Cliff View Rd. *C'snd* —3F **29**
Clifton Gdns. *Cant* —6D **32**
Clifton Gdns. *Mgte* —2H **5**
Clifton Lawn. *Ram* —4D **30**
Clifton Pl. *Mgte* —2H **5**
Clifton Rd. *Mgte* —3A **6** (in two parts)
Clifton Rd. *Ram* —1B **30**
Clifton Rd. *Whits* —5F **9**
Clifton St. *Mgte* —2H **5**
Cliftonville Av. *Mgte* —3A **6**
Cliftonville Av. *Ram* —6B **22**
*Cliftonville Ct. Mgte —2A **6** (off Edgar Rd.)*
Cliftonville M. *Clift* —2A **6**
Clive Rd. *C'snd* —3F **29**
Clive Rd. *Mgte* —2A **22**
*Cloisters, The. Cant —1F **37** (off King St.)*
Cloisters, The. *Ram* —4D **30**
Close Rd. *Cant* —4E **37**
Close, The. *Cant* —4F **33** (Downs Rd.)
Close, The. *Cant* —5C **32** (Thomas' Hill)
Clovelly Rd. *Whits* —6F **9**
Clover Rise. *Whits* —4B **10**
Clowes Ct. *Cant* —4C **32**
Clyde St. *Cant* —1G **37**
Coastguard Cotts. *H Bay* —1F **11**
Coastguard Cotts. *Ram* —4A **30**
Coastguard Ho. Cvn. Pk. *H Bay* —1F **11**
*Cobb Ct. Mgte —2H **5** (off Cobbs Pl.)*
Cobblers Bri. Rd. *H Bay* —3B **12**
Cobbs Pl. *Mgte* —2H **5**
Cobden Pl. *Cant* —1G **37**
Cobham Clo. *Cant* —4A **38**
Cockering Rd. *Cha & Cant* (in two parts) —6A **36**
Codrington Rd. *Ram* —2D **30**
Cogans Ter. *Cant* —4E **37**
*Coggan Ho. Cant —3F **37** (off Station Rd. E.)*
Colburn Rd. *Broad* —5G **23**
Cold Harbour. *Cant* —1G **37**
Coldswood Rd. *Ram* —4G **21**
Coleman Cres. *Ram* —5C **22**
Coleman's Stairs. *Birch* —5E **3**
Coleman's Stairs Rd. *Birch* —5E **3**
Coleman's Yd. *Ram* —3E **31**
Colette Clo. *Broad* —3G **7**
Colewood Rd. *Whits* —2E **11**
Collard Clo. *H Bay* —3E **13**
Collard Ho. *Cant* —2A **38**
Collards Clo. *Monk* —2A **26**
College Rd. *Cant* —2H **37**
College Rd. *Mgte* —5G **5**
College Rd. *Ram* —1D **30**
College Sq. Shop. Cen. *Mgte* —3H **5**
College Wlk. *Mgte* —3H **5**
Collingwood Clo. *Broad* —3E **23**
Collingwood Clo. *Wgte S* —6H **3**
Collingwood Rd. *Whits* —4E **9**
Collins Rd. *H Bay* —5A **12**
Colombo Sq. *Ram* —6A **22**
Columbia Av. *Whits* —6D **8**
*Conference Wlk. Cant —2A **38** (off Russett Rd.)*
Conifer Ct. *Wgte S* —4B **4**
Coniston Av. *Ram* —2A **30**
Connaught Gdns. *Mgte* —4H **5**
Connaught Rd. *Mgte* —4H **5**
Connors Ho. *Cant* —1H **37**
Conrad Av. *Cant* —5A **34**
Constable Rd. *Birch* —5E **3**
Consul Clo. *H Bay* —1H **11**
Continental App. *Mgte* —1H **21**
Convent Rd. *Broad* —5F **7**
Convent Wlk. *Ram* —4B **30**
Conway Clo. *Birch* —6C **2**
Conyngham Clo. *Ram* —5B **22**
Conyngham Rd. *H Bay* —2H **13**
Conyngham Rd. *Min* —4G **27**
Coombe Wlk. *York* —5C **24**
Coopers Hill. *H Bay* —2D **12**
Coopers La. *Cant* —3E **37**
Copinger Clo. *Cant* —4G **33**
Copperfield Ct. *Broad* —2H **23**
Coppergate. *Cant* —6F **33**
Copperhurst Wlk. *Clift* —3E **7**
Coppice, The. *Sturry* —2D **34**
Copt Clo. *Sturry* —1D **34**
Cordingham Rd. *Sea* —1C **24**
Cornford Rd. *Birch* —1E **19**
Cornhill. *Ram* —3E **31**
Cornwall Av. *Ram* —1F **31**
Cornwall Gdns. *Cant* —3B **38**
Cornwall Gdns. *Clift* —3B **6**
Cornwallis Av. *H Bay* —4G **13**
Cornwallis Circ. *Whits* —4E **9**
Cornwallis Gdns. *Broad* —1G **23**
Cornwall Rd. *H Bay* —3H **11**
Coronation Clo. *Broad* —6E **7**
Coronation Cres. *Mgte* —5D **4**
Coronation Rd. *Ram* —3D **30**
Coronation Rd. *Whits* —2E **25**
Corsican Wlk. *H Bay* —4G **13**
Corylus Dri. *Whits* —6C **8**
Cossington Rd. *Cant* —3G **37**
Cottage Rd. *Ram* —3E **31**
Cottage Row. *S'wch* —4B **40**
Cottington La. *Ram* —4D **28**
Cottington Rd. *C'snd* —4C **28**
Cotton Rd. *Win I* —3D **36**
Coulter Rd. *H Bay* —3H **11**
Countess Mountbatten Ct. *Wgte S* —5A **4**
Courtlands Way. *Wgte S* —4B **4**
Court Mt. Mobile Home Pk. *Birch* —1E **19**
Court Rd. *St N* —4D **16**
Courts, The. *Mgte* —4C **4**
Covell's Row. *Mgte* —3G **5**
*Coventina Ho. Ram —2D **30** (off High St. Ramsgate,)*
Coventon La. *S'wch & Worth* —6B **40**
Coventry Gdns. *H Bay* —2H **13**
Cowdrey Pl. *Cant* —4H **37**
Cow La. *Win I* —3D **36**
Cowley Rise. *Mgte* —5C **6**
Cowper Clo. *Whits* —2D **10**
Cowper Rd. *Mgte* —4H **5**
Coxes Av. *Ram* —4B **22**
Craddock Dri. *Cant* —1H **37**
Craddock Ho. *Cant* —1H **37**
Craddock Rd. *Cant* —1H **37**
Crampton Ct. *Broad* —3G **23**
Cranborne Wlk. *Cant* —5E **33**
Cranbourne Clo. *Ram* —1F **31**
Cranbrook Clo. *Clift* —4E **7**
Cranleigh Ct. *Whits* —5G **9**
Cranleigh Gdns. *Whits* —5G **9**
Cranmer Clo. *Bek* —6F **39**
Cranmer Ho. *Cant* —1D **36**
Craven Clo. *Mgte* —5E **5**
Crawford Gdns. *Mgte* —3B **6**
Crawford Rd. *Broad* —2F **23**
*Creighton Flats. S'wch —4B **40** (off School Rd.)*
Crescent Rd. *Birch* —6E **3**
Crescent Rd. *Broad* —5H **7**
Crescent Rd. *Mgte* —3F **5**
Crescent Rd. *Ram* —2C **30**
Crescent, The. *Cant* —5F **33** (Manwood Av.)
*Crescent, The. Cant —3F **37** (off Castle Row)*
Cresta Clo. *H Bay* —1F **11**
Crispe Pk. Clo. *Birch* —6F **3**
Crispe Rd. *Acol* —3C **18**
Crofton Rd. *Wgte S* —6A **4**
Croft's Pl. *Broad* —3H **23**
Cromwell Rd. *Cant* —4G **37**
Cromwell Rd. *Whits* —3F **9**
Crossley Av. *H Bay* —1F **11**
Cross Rd. *Birch* —5E **3**

Cross St. *Cant* —1E **37**
Cross St. *H Bay* —4B **12**
Crossways. *Cant* —4F **33**
Crossways Av. *Mgte* —2A **22**
Crow Hill. *Broad* —2H **23**
Crow Hill Rd. *Mgte* —5D **4**
Crown Gdns. *Cant* —1E **37**
Crown Hill Rd. *H Bay* —3A **12**
Crundale Way. *Clift* —4E **7**
Crystal Bus. Cen. *S'wch* —3D **40**
Cudham Gdns. *Clift* —3E **7**
Culpepper Clo. *Cant* —4G **33**
Culvert, The. *H Bay* —2D **12**
Cumberland Av. *Broad* —2G **23**
Cumberland Av. *Cant* —3B **38**
Cumberland Rd. *Clift* —2B **6**
Cumberland Rd. *Ram* —3D **30**
Cundishall Clo. *Whits* —5E **9**
Cunningham Cres. *Birch* —6C **2**
Curlew Clo. *H Bay* —5G **13**
Curlinge Ct. *Ram* —3A **30**
*Curzon Ho. Ram —3D **30***
(off Alpha Rd.)
Cushings View. *Whits* —3E **9**
Cushman Rd. *Cant* —3E **37**
Cuthbert Rd. *Wgte S* —5H **3**
Cuttings, The. *Ram* —1C **30**
Cypress Clo. *Whits* —6E **9**

Daimler Av. *H Bay* —2H **11**
Dalby Rd. *Mgte* —2A **6**
Dalby Sq. *Clift* —2A **6**
Dallinger Rd. *Birch* —5D **2**
Dalmally Vs. *B Oak* —3B **34**
Dalmaney Clo. *Broad* —2H **23**
Dalmeny Av. *Mgte* —4D **6**
Dalton Ct. *Ram* —2E **31**
Damerham Clo. *Cant* —5E **33**
Dane Ct. Gdns. *Broad* —2D **22**
Dane Ct. Rd. *Broad* —6C **6**
Dane Cres. *Ram* —1E **31**
*Danecroft Ct. Cant —1F **37***
(off King St.)
*Danecroft Ho. Cant —1F **37***
(off King St.)
Dane End Rd. *Wgte S* —5H **3**
Dane Gdns. *Mgte* —5C **6**
Dane Hill. *Mgte* —3H **5**
Dane Hill Gro. *Mgte* —3H **5**
Dane Hill Row. *Mgte* —3H **5**
Danehurst. *Wgte S* —4A **4**
Dane John Cotts. *Cant* —3F **37**
Dane John Ct. *Cant* —3F **37**
Dane John M. *Cant* —3F **37**
Dane John Wlk. *Cant* —3F **37**
Dane Mt. *Mgte* —5C **6**
Dane Pk. Rd. *Mgte* —3H **5**
Dane Pk. Rd. *Ram* —1E **31**
Dane Rd. *Birch* —6A **2**
Dane Rd. *Mgte* —3H **5**
Dane Rd. *Ram* —1E **31**
Danesmead Ter. *Mgte* —3H **5**
Dane Valley Rd. *Mgte & St Pet* (in two parts) —4B **6**
Daniels Ct. *Whits* —4E **9**
Darenth Clo. *H Bay* —4F **13**
Dargate Rd. *Dar & Denst* —4C **24**
Dargate Rd. *York* —5B **24**
Darnley Clo. *Broad* —4F **23**
Darrell Clo. *H Bay* —4A **12**
Darren Gdns. *Broad* —5F **23**
Darwin Rd. *Birch* —5D **2**
Daryngton Av. *Birch* —6A **2**
David Av. *Clift* —3D **6**
David's Clo. *Broad* —4H **23**
Davidson Rd. *Cant* —1D **36**
Daytona Way. *H Bay* —1G **11**
Deal Rd. *S'wch* —6B **40**
Dean Ct. *Cant* —1G **37**
Dean Croft. *H Bay* —5F **13**
Deane Clo. *Whits* —6G **9**
Deansway Av. *Sturry* —1D **34**
Deborah Clo. *Whits* —6H **9**
De Havillands. *Bek* —6H **39**
Delacourt Clo. *C'snd* —4E **29**
Delaware Clo. *Sturry* —2D **34**
Delfside. *S'wch* —5C **40**
Delf St. *S'wch* —4B **40**
Delmar Clo. *Whits* —2D **10**
Denbigh Rd. *Ram* —6A **22**
Dence Clo. *H Bay* —2F **13**
Dence Pk. *H Bay* —3F **13**
Dene, The. *Cant* —5H **37**
Dene Wlk. *Mgte* —6H **5**
Dengrove Bungalows. *B Oak* —2B **34**
Denmark Pl. *Cant* —1G **37**
Denmark Rd. *Ram* —2E **31**
Denne Clo. *Sturry* —1D **34**
Denstead Ct. *Cant* —4C **32**
Dent-de-Lion Ct. *Mgte* —5C **4**
Dent-de-Lion Rd. *Mgte* —5C **4**
Dent-de-Lion Rd. *Wgte S* —4A **4**
Denton Way. *Mgte* —4C **6**
Dering Rd. *H Bay* —3D **12**
Derwent Av. *Ram* —2A **30**
D'este Rd. *Ram* —2F **31**
Detling Av. *Broad* —6G **23**
Devon Gdns. *Birch* —1D **18**
Devon Rd. *Cant* —2B **38**
Devonshire Gdns. *Mgte* —3B **6**
Devonshire Ter. *Broad* —2H **23**
Diamond Rd. *Whits* —3G **9**
Dickens Av. *Cant* —6A **34**
Dickens Rd. *Broad* —2H **23**
Dilnot La. *Acol* —4F **19**
Discovery Wlk. *Cant* —3A **38**
Doggerel Acre. *Whits* —6H **9**
Dolphin Clo. *Broad* —3G **7**
Dolphin St. *H Bay* —2C **12**
Domneva Rd. *Min* —3F **27**
Domneva Rd. *Wgte S* —5H **3**
Donegal Rd. *Cant* —2A **38**
Donnahay Rd. *Ram* —4C **22**
Donnithorne Ho. H Bay
*(off Brunswick Sq.) —2C **12***
Dorcas Gdns. *Broad* —1G **23**
Doric Ct. *Ram* —4C **30**
Dorothy Dri. *Ram* —5C **22**
Dorset Clo. *Whits* —6D **8**
Dorset Gdns. *Birch* —6D **2**
Dorset Rd. *Cant* —3B **38**
Douglas Av. *Whits* —4G **9**
Douglas Clo. *Broad* —2E **23**
Douglas Rd. *H Bay* —3E **13**
Douro Clo. *Cant* —1B **38**
Dove Clo. *Whits* —6E **9**
Dovedale. *Birch* —6F **3**
Dove Dale Ct. *Birch* —6F **3**
Dover Rd. *S'wch* —6B **40**
Dover St. *Cant* —2G **37**
Down Barton Rd. *St N* —6D **16**
Downings, The. *H Bay* —5E **13**
Downs Av. *Whits* —4G **9**
Downs Pk. *H Bay* —3E **13**
Downs Rd. *Cant* —4E **33**
Downs Rd. *Ram* —3A **30**
*Downs, The. Ram —4D **30***
(off Royal Esplanade)
*Dragoon Ho. Cant —1G **37***
(off Artillery Gdns.)
Drapers Av. *Mgte* —5H **5**
Drapers Clo. *Mgte* —5A **6**
Drive, The. *Cant* —4H **37**
Drive, The. *Ches* —5D **10**
Drove, The. *Ches* —6D **10**
Drove, The. *F'wch* —4E **35**
Drove, The. *Monk* —2A **26**
Drybeck Av. *Ram* —2H **29**
Dryden Clo. *Cant* —3A **38**
Duck La. *Cant* —1G **37**
Dudley Av. *Wgte S* —5G **3**
Duke St. *Mgte* —2G **5**
Dumpton Gap Rd. *Broad* —5G **23**
Dumpton La. *Ram* —6E **23**
Dumpton Pk. Dri. *Ram* —1F **31**
Dumpton Pk. Rd. *Ram* —1E **31**
Duncan Dri. *Birch* —5C **2**
Duncan Rd. *Whits* —6F **9**
Duncombe M. *Cant* —6H **33**
Duncon Rd. *Ram* —3D **30**
Dundonald Rd. *Broad* —3H **23**
Dundonald Rd. *Ram* —2C **30**
Dunedin Rd. *Ram* —6A **22**
Dunoon Ct. *Ram* —6F **23**
Dunstan Av. *Wgte S* —6H **3**
Durban Clo. *Ram* —6A **22**
Durban Rd. *Mgte* —4A **6**
Durham Clo. *Cant* —4F **37**
Durlock. *Min* —4G **27**
Durlock Av. *Ram* —4B **30**
Durnford Clo. *Cant* —6E **33**
Durovernum Ct. *Cant* —3G **37**
*Dymchurch Ho. Cant —2H **37***
(off St Martin's Pl.)

Eagle Hill. *Ram* —2D **30**
Ealham Clo. *Cant* —5H **37**
Earlsmead Cres. *C'snd* —4E **29**
Eastchurch Rd. *Clift* —3E **7**
E. Cliff Pde. *H Bay* —2E **13**
E. Cliff Promenade. *Broad* —3H **23**
Eastern Esplanade. *Broad* —1H **23**
Eastern Esplanade. *Mgte* —2A **6**
Eastfield Rd. *Birch* —6E **3**
Eastgate Clo. *H Bay* —4F **13**
E. Northdown Clo. *Clift* —4E **7**
East Rise. *Ram* —6B **22**
East St. *Cant* —5A **34**
East St. *H Bay* —2E **13**
Eaton Hill. *Mgte* —3G **5**
Eaton Rd. *Mgte* —3G **5**
Ebbsfleet La. *Ram* —4C **28**
Eddie Willet Rd. *H Bay* —2H **11**
Eddington Bus. Pk. *Edd B* —4D **12**
Eddington La. *H Bay* —4B **12**
Eddington Way. *H Bay* —4C **12**
Edenbridge Ho. *Cant* —2H **37**
Eden Ct. *H Bay* —3B **12**
Edenfield. *Birch* —6F **3**
Eden Rd. *Sea* —6C **8**
Edgar Clo. *Whits* —2D **10**
Edgar Rd. *Cant* —1H **37**
Edgar Rd. *Mgte* —2A **6**
Edgar Rd. *Min* —3F **27**
Edge End Rd. *Broad* —3F **23**
Edinburgh Rd. *Mgte* —5D **4**
*Edinburgh Wlk. Mgte —5D **4***
(off Edinburgh Rd.)
Edith Rd. *Ram* —3C **30**
Edith Rd. *Wgte S* —4B **4**
Edmanson Av. *Mgte* —4C **4**
Edward Dri. *Birch* —6F **3**
(Canterbury Rd.)
Edward Dri. *Birch* —6E **3**
(Neame Rd.)
Edward Rd. *Cant* —2G **37**
Edward Rd. *Whits* —2E **25**
Effingham St. *Ram* —3E **31**
Egbert Rd. *Min* —3F **27**
Egbert Rd. *Wgte S* —4A **4**
Egdert Rd. *Birch* —5B **2**
Egerton Dri. *Clift* —3E **7**
Elbridge Hill. *Sturry* —4H **35**
Elder Cotts. *H Bay* —4H **13**
Eldon Pl. *Broad* —3H **23**
Elfrida Clo. *Mgte* —5C **6**
Elgar Pl. *Ram* —1E **31**
*Elham Clo. Mgte —4C **6***
(off Lyminge Way.)
Elham Rd. *Cant* —4E **37**
Elham Way. *Broad* —5G **23**
Elizabeth Ct. *Broad* —6H **7**
*Elizabeth Ct. H Bay —2D **12***
(off Queen St.)
Elizabeth Kemp Ct. *Ram* —6C **22**
Elizabeth Rd. *Ram* —3F **31**
Elizabeth Way. *H Bay* —4F **13**
Ellen Av. *Ram* —6E **23**
Ellenden Ct. *Cant* —4C **32**
Ellington Av. *Mgte* —5D **4**
Ellington Pl. *Ram* —2C **30**
Ellington Rd. *Ram* —2C **30**
Elliot Clo. *Cant* —5A **34**
Ellison Clo. *Ches* —4C **10**
*Ellisons Wlk. Cant —2A **38***
(off Nonsuch Clo.)
Ellis Rd. *Whits* —2A **10**
Ellis Way. *H Bay* —5G **13**
Elm Ct. *Wgte S* —5A **4**
Elm Gro. *Cant* —5C **32**
Elm Gro. *Wgte S* —5H **3**
Elmley Way. *Mgte* —6H **5**
Elms Av. *Ram* —2D **30**
Elmstone Gdns. *Clift* —4E **7**
Elmstone Rd. *Ram* —2D **30**
Elm Vs. *Cant* —6C **32**
Elmwood Av. *Broad* —6G **7**
Elmwood Clo. *Broad* —6G **7**
Elm Wood Clo. *Whits* —3C **10**

Elm Wood W. *Whits* —3C **10**
Emmerson Gdns. *Whits* —2C **10**
Empire Ter. *Mgte* —5G **5**
Enterprise Rd. *Mgte* —1H **21**
Enticott Clo. *Whits* —4A **10**
Epping Clo. *H Bay* —5F **13**
Epple Bay Av. *Birch* —5E **3**
Epple Bay Rd. *Birch* —5D **2**
Epple Cotts. *Birch* —5F **3**
Epple Rd. *Birch* —5F **3**
Ersham Rd. *Cant* —3G **37**
Eskdale Av. *Ram* —2A **30**
Esmonde Dri. *Mans* —5B **20**
Esplanade. *Wgte S* —4G **3**
Essex Av. *H Bay* —1H **11**
Essex Gdns. *Birch* —1D **18**
Essex Rd. *Cant* —3B **38**
Essex Rd. *Wgte S* —5B **4**
Essex St. *Whits* —5F **9**
Estuary Clo. *Whits* —2E **11**
Ethelbert Cres. *Mgte* —2A **6**
Ethelbert Gdns. *Mgte* —2H **5**
Ethelbert Rd. *Birch* —5B **2**
Ethelbert Rd. *Cant* —4G **37**
Ethelbert Rd. *Mgte* —2H **5**
Ethelbert Rd. *Ram* —3D **30**
Ethelbert Sq. *Wgte S* —4A **4**
Ethelbert Ter. *Mgte* —2H **5**
Ethelred Rd. *Wgte S* —4A **4**
Ethel Rd. *Broad* —2F **23**
*Evelings All. Whits —3F **9***
(off Middle Wall)
Eynsford Clo. *Clift* —3F **7**

Fairacre. *Broad* —3E **23**
Fairacres Clo. *H Bay* —3G **13**
Fairfax Dri. *H Bay* —2B **14**
Fairfield Pk. *Broad* —3E **23**
Fairfield Rd. *Broad* —3E **23**
Fairfield Rd. *Min* —2F **27**
Fairfield Rd. *Ram* —5E **23**
Fairfield St. *Whits* —6E **9**
Fairlawn. *Ches* —4D **10**
Fairlawn Rd. *Ram* —4B **22**
Fairlight Av. *Ram* —1B **30**
Fairoaks. *H Bay* —3F **13**
Fair St. *Broad* —3E **23**
Fairview Clo. *Mgte* —3A **6**
Fairview Gdns. *Sturry* —2E **35**
Fairway Cres. *Sea* —6C **8**
Fairway, The. *H Bay* —5B **12**
Falala Way. *Cant* —1H **37**
Farleigh Rd. *Cant* —5G **33**
Farley Rd. *Mgte* —6H **5**
Farm Ho. Clo. *Whits* —5H **9**
Farrar Rd. *Birch* —1E **19**
Farthings Ct. *Cant* —4C **32**
Faulkners La. *Harb* —2A **36**
Faversham Rd. *Sea* —6A **8**
Fenoulhet Way. *H Bay* —2E **13**
Fern Clo. *Ches* —4C **10**
Fern Ct. *Broad* —2H **23**
Ferndale Ct. *Birch* —1E **19**
Fernlea Av. *H Bay* —3C **12**
Field Av. *Cant* —5B **34**
Field View. *Whits* —6D **8**
Field Way. *Sturry* —3D **34**
Fiesta Wlk. *Cant* —3A **38**
Fife Rd. *H Bay* —3H **11**
Fifth Av. *Clift* —2B **6**
Fig Tree Rd. *Broad* —6F **7**
Finches, The. *St N* —5E **17**
*Finsbury Ct. Ram —1E **31***
(off Finsbury Rd.)
Finsbury Rd. *Ram* —2E **31**
Firbank Gdns. *Mgte* —6F **5**
Firbanks. *Whits* —5H **9**
First Av. *Broad* —3F **7**
First Av. *Mgte* —2B **6**
Fir Tree Clo. *Ram* —3C **30**
Firtree Clo. *R Comn* —5A **32**
Fishermans Wharf. S'wch
*(off Quay, The) —4C **40***
Fisher Rd. *Cant* —1D **36**
Fisher St. *S'wch* —4C **40**
Fitzmary Av. *Mgte* —4C **4**
Fitzroy Av. *Broad* —3F **7**
Fitzroy Av. *Mgte* —4B **6**
Fitzroy Av. *Ram* —5B **22**
Fitzroy Rd. *Whits* —2H **9**
Fleets La. *T Hill* —1D **32**
Fleetwood Av. *H Bay* —3B **12**
Fletcher Rd. *Whits* —4B **10**
Flete Rd. *Mgte* —3F **21**
Flora Rd. *Ram* —1E **31**
Florence Av. *Whits* —6C **8**
Florence Ct. *Mgte* —2B **6**
Florence Rd. *Ram* —3D **30**
Foads Hill. *C'snd* —3F **29**
Foads La. *C'snd* —5F **29**
Ford Clo. *H Bay* —1G **11**
Ford Hills. *Hoath* —6A **14**
Fordoun Rd. *Broad* —2F **23**
Ford Wlk. *York* —4C **24**
Fordwich Gro. *Broad* —6E **7**
Fordwich Pl. *S'wch* —5B **40**
Fordwich Rd. *Sturry* —3D **34**
Foreland Av. *Mgte* —3D **6**
Foreland Ct. *Ram* —4D **30**
Foreland Pk. Ho. *Broad* —6H **7**
Foreland, The. *Cant* —5H **37**
Foreness Clo. *Broad* —2G **7**
Forge Clo. *Sturry* —3D **34**
*Forge La. Ram —2C **30***
(off High St. St Lawrence,)
Forge La. *Whits* —5F **9**
Forrester Clo. *Cant* —6A **34**
Fort Cres. *Mgte* —2H **5**
Fort Hill. *Mgte* —2G **5**
Fort Lwr. Promenade. *Mgte* —2H **5**
Fort Mt. *Mgte* —2H **5**
Fort Pde. *Mgte* —2H **5**
Fort Paragon. *Mgte* —2H **5**
Fort Promenade. *Mgte* —2H **5**
Fort Rd. *Broad* —3H **23**
Fort Rd. *Mgte* —2G **5**
Fortuna Ct. *Ram* —2D **30**
Forty Acres Rd. *Cant* —1E **37**
Foster's Av. *Broad* —6E **7**
Fountain St. *Whits* —3F **9**
Fowler's Drove. *H Bay* —3G **15**
Foxborough La. *Min* —3G **27**
Foxdown Clo. *Cant* —6E **33**
Foxgrove Rd. *Whits* —4A **10**
Foxhunter Pk., The. *Monk* —3B **26**
Fox's Cross Hill. *Whits* —4C **24**
Fox's Cross Rd. *York* —4D **24**
Frances Gdns. *Ram* —1F **31**
Francis Rd. *Broad* —6H **7**
*Francissan Way. Cant —2F **37***
(off Water La.)
Franklyn Ho. *Sturry* —3D **34**
Franklyn Rd. *Cant* —3C **36**
Frank Walters Bus. Pk., The. *Broad* —3D **22**
Freda Clo. *Broad* —6F **23**
Freeman's Clo. *Sea* —1C **24**
Freeman's Rd. *Min* —3F **27**
Frencham Clo. *Cant* —4G **33**
Freshlands. *H Bay* —2A **14**
Freshwater Clo. *H Bay* —2H **11**
Friars Clo. *Whits* —4H **9**
Friars, The. *Cant* —2F **37**
Friary Way. *Cant* —6D **32**
Friendly Clo. *Mgte* —4D **6**
Friends Av. *Mgte* —5D **6**
Friend's Gap. *Clift* —2D **6**
Frost Farm Cvn. Pk. *St N* —5F **17**
Frost La. *St N* —4F **17**
Fulham Av. *Mgte* —6D **4**
Fulsham Pl. *Mgte* —4F **5**
Futzgerald Av. *H Bay* —4A **12**

Gainsborough Dri. *H Bay* —2A **14**
Gainsborough Rd. *Birch* —5D **2**
Galliard St. *S'wch* —5C **40**
Gallwey Av. *Birch* —6C **2**
Gann Rd. *Whits* —3H **9**
Gap, The. *Blean* —1A **32**
Gap, The. *Cant* —5H **37**
Garden Clo. *R Comn* —6A **32**
Gardeners Quay. S'wch
*(off Up. Strand St.) —4C **40***
Garfield Rd. *Mgte* —3F **5**
Garrard Av. *Mgte* —5D **4**
Gas Pas. *Cant* —3F **37**
Gas St. *Cant* —3F **37**
Gateacre Rd. *Sea* —1C **24**
*Gateway Ct. Ram —2F **31***
(off Victoria Pde.)
Genesta Av. *Whits* —6D **8**
Geoffrey Ct. *Birch* —6E **3**
George V Av. *Mgte* —5D **4**
George Hill Rd. *Broad* —4F **7**
George Hill Rd. *Mgte* —4E **7**
George Roche Rd. *Cant* —4F **37**
Georges Av. *Whits* —6C **8**
George St. *Ram* —2E **31**
George Warren Ct. *Mgte* —4H **5**
Gilbert Rd. *Ram* —1D **30**
Gilchrist Av. *H Bay* —5A **12**
Giles Gdns. *Mgte* —5H **5**
Giles La. *Cant* —5C **32**
Gilling Drove. *Cant* —6A **4**
Gillon M. *Cant* —1H **37**
Gladstone Rd. *Broad* —4F **23**
Gladstone Rd. *Mgte* —4G **5**
Gladstone Rd. *Whits* —3F **9**
Glebe Ct. *Ram* —4F **27**
Glebe Gdns. *Mgte* —5D **4**
Glebe Rd. *Mgte* —5D **4**
Glebe Way. *Whits* —5F **9**
Glen Av. *H Bay* —2G **13**
*Glenavon Ho. Broad —6H **7***
(off Francis Rd.)
Glenbervie Dri. *H Bay* —2A **14**
Glenbrook Clo. *H Bay* —2H **13**
Glencoe Rd. *Mgte* —4A **6**
Glen Iris Av. *Cant* —6C **32**
Glen Iris Clo. *Cant* —6C **32**
Glenside. *Whits* —5A **10**
Glenside Av. *Cant* —6H **33**
Glen Wlk. *York* —4C **24**
Gloucester Av. *Broad* —4F **23**
Gloucester Av. *Clift* —3D **6**
Gloucester Rd. *Whits* —3H **9**
Godden Rd. *Cant* —4G **33**
Godfrey Ho. *Whits* —5G **9**
Godwin Rd. *Cant* —4C **36**
Godwin Rd. *Clift* —3A **6**
Goldcrest Wlk. *Whits* —1D **24**
Golden Acre La. *Wgte S* —6H **3**
Golden Clo. *Wgte S* —6H **3**
Golden Hill. *Whits* —6H **9**
(in two parts)
Goldfinch Clo. *H Bay* —5G **13**
Goodwin Av. *Whits* —3D **10**
Goodwin Rd. *Ram* —3B **30**
Gordon Gro. *Wgte S* —4A **4**
Gordon Rd. *Cant* —3F **37**
Gordon Rd. *H Bay* —3D **12**
Gordon Rd. *Mgte* —2A **6**
Gordon Rd. *Ram* —1D **30**
Gordon Rd. *W'wd* —2A **22**
Gordon Rd. *Whits* —5F **9**
Gordon Sq. *Birch* —6D **2**
Gore End Clo. *Birch* —6C **2**
Gore M. *Cant* —6H **33**
Gorrell Ct. *Whits* —5G **9**
Gorrell Rd. *Whits* —4G **9**
Gorse La. *H Bay* —5G **13**
Gosfield Rd. *H Bay* —3E **13**
Gosselin St. *Whits* —5F **9**
Goudhurst Clo. *Cant* —4G **33**
Grafton Rise. *H Bay* —4A **12**
Grafton Rd. *Broad* —5E **7**
Granary Pl. *Whits* —6F **9**
Grand Dri. *H Bay* —1H **11**
Grange Ct. *Ram* —4C **30**
Grange Rd. *Broad* —6F **7**
Grange Rd. *H Bay* —3F **13**
(in two parts)
Grange Rd. *Ram* —2C **30**
Grange, The. *Sea* —1C **24**
Grange Way. *Broad* —5F **23**
Grant Clo. *Broad* —1E **23**
Granville Av. *Broad* —4H **23**
Granville Av. *Ram* —6B **22**
Granville Dri. *H Bay* —3H **11**
Granville Farm. *Ram* —2F **31**
Granville Marina. *Ram* —2F **3**
*Granville Marina Ct. Ram —2F **3***
(off Granville Marina)
Granville Rd. *Broad* —4H **23**
Grasmere Av. *Ram* —2A **30**
Grasmere Rd. *Whits* —4A **10**
(in two parts)
Gravel Wlk. *Cant* —2F **37**
Graystone Rd. *Whits* —2A **10**
Grays Way. *Cant* —4B **36**
Green Acres Clo. *H Bay* —4F **1**

reen Cloth M. *Cant* —6H **33**
(off Brymore Clo.)
reen Dell. *Cant* —4G **33**
reenfield Cotts. *Cant* —3F **37**
reenfield Rd. *Ram* —5C **22**
reenhill Bri. Rd. *H Bay* —4B **12**
reenhill Clo. *Min* —2F **27**
reenhill Gdns. *H Bay* —4B **12**
reenhill Gdns. *Min* —2F **27**
reenhill Rd. *H Bay* —3H **11**
reenhouse La. *Cant* —6E **33**
een La. *Broad* —2E **23**
een La. *Mgte* —5D **6**
een La. *Whits* —5F **9**
een Leas *Ches* —4D **10**
een Rd. *Birch* —5D **2**
eensole La. *Ram* —1G **29**
een, The. *Blean* —2A **32**
een, The. *Mans* —6F **21**
enham Bay Av. *Birch* —5C **2**
enham Rd. *Birch* —5C **2**
enville Gdns. *Birch* —5C **2**
enville Way. *Broad* —3E **23**
esham Av. *Mgte* —4C **4**
ey Friars Cotts. *Cant* —2F **37**
ey Friars Ct. *Broad* —4F **7**
eystones Rd. *C'snd* —4F **29**
imshill Ct. *Cant* —4C **32**
imshill Rd. *Whits* —5F **9**
imthorpe Av. *Whits* —6E **9**
inan Ct. *Ram* —6F **23**
insell Hill. *Ram* —3A **28**
osvenor Gdns. *Mgte* —4G **5**
osvenor Hill. *Mgte* —3G **5**
osvenor Pl. *Mgte* —3G **5**
osvenor Rd. *Broad* —3G **23**
osvenor Rd. *Ram* —2C **30**
osvenor Rd. *Whits* —6F **9**
otto Gdns. *Mgte* —3H **5**
otto Hill. *Mgte* —3H **5**
otto Rd. *Mgte* —3H **5**
ove Gdns. *Mgte* —4E **5**
ove Rd. *Ram* —3D **30**
ove Ter. *Cant* —3E **37**
ove, The. *H Bay* —5A **12**
ove, The. *Wgte S* —5B **4**
ummock Av. *Ram* —2B **30**
undy's Hill. *Ram* —3E **31**
ildcount La. *S'wch* —4B **40**
ildford Av. *Wgte S* —5H **3**
ildford Lawn. *Ram* —3D **30**
ildford Rd. *Cant* —4F **37**
ildhall St. *Cant* —2F **37**
y Clo. *Broad* —6G **7**
yn Rd. *Ram* —5C **22**

ackington Clo. *Cant* —4E **33**
ckington Pl. *Cant* —6F **33**
ckington Rd. *Cant* —2E **33**
ckington Ter. *Cant* —6F **33**
dleigh Gdns. *H Bay* —2F **13**
dlow Dri. *Clift* —3E **7**
ine Ind. Est. *Ram* —6H **21**
ine Rd. *Ram* —2H **29**
les Dri. *Cant* —5F **33**
fmile Ride. *Mgte* —6G **5**
ford Clo. *H Bay* —5F **13**
l By The Sea Rd. *Mgte* —3G **5**
Hallcroft Clo. *Ram* —2C **30**
Hallett Wlk. *Cant* —6H **33**
Halstead Clo. *Cant* —4G **33**
Halstead Gdns. *Clift* —2F **7**
Halt, The. *Whits* —6H **9**
Hamilton Clo. *Ram* —6A **22**
Hamilton Rd. *Whits* —4F **9**
Hampshire Rd. *Cant* —3B **38**
Hampton Clo. *H Bay* —2G **11**
Hampton Gdns. *H Bay* —2G **11**
Hampton Pier Av. *H Bay* —2A **12**
Ham Shades La. *Whits* —4A **10**
Hanover Clo. *Clift* —3E **7**
Hanover Pl. *Cant* —6F **33**
Hanover Sq. *H Bay* —2D **12**
Hanover St. *H Bay* —2D **12**
Harbledown By-Pass. *Harb* —1A **36**
Harbledown Gdns. *Clift* —2E **7**
Harbledown Pk. *Harb* —1C **36**
Harbledown Ter. *Harb* —1C **36**
Harbour Pde. *Ram* —3E **31**
Harbour St. *Broad* —3H **23**
Harbour St. *Ram* —3E **31**
Harbour St. *Whits* —3F **9**
Harbour Towers Ram —3E 31
(off Albert St.)
Harcourt Dri. *Cant* —6D **32**
Harcourt Dri. *H Bay* —1H **11**
Hardres Rd. *Ram* —2E **31**
Hardres St. *Ram* —2E **31**
Hardy Clo. *Cant* —1C **36**
Harkness Dri. *Cant* —6D **32**
Harmsworth Gdns. *Broad* —2G **23**
Harnet St. *S'wch* —4B **40**
Harold Av. *Wgte S* —5A **4**
Harold Rd. *Birch* —5B **2**
Harold Rd. *Clift* —3B **6**
Harriets Corner. *Sea* —3C **24**
Harrison Rd. *Ram* —3D **30**
Harrow Dene. *Broad* —2E **23**
Harry Wells Rd. *H Bay* —2H **11**
Hartsdown Rd. *Mgte* —4E **5**
(in two parts)
Harvest Ct. *H Bay* —5G **13**
Harvey Dri. *Ches* —4B **10**
Harwich St. *Whits* —5F **9**
Hassall Reach. *Cant* —4B **36**
Hastings Av. *Mgte* —4A **6**
Hastings Pl. *S'wch* —5B **40**
Hatfield Rd. *Mgte* —3E **5**
Hatfield Rd. *Ram* —2D **30**
Hatherley Ct. Mgte —2A 6
(off Percy Rd.)
Havelock St. *Cant* —2G **37**
Haven Dri. *H Bay* —1B **14**
Hawe Clo. *Cant* —4G **33**
Hawe Farm Way. *H Bay* —6F **13**
Hawe La. *Sturry* —1E **35**
Hawes Av. *Ram* —2B **30**
Hawk Clo. *Whits* —6E **9**
Hawkhurst Clo. *Birch* —5F **3**
Hawkhurst Way. *Broad* —5G **23**
Hawk's La. *Cant* —2F **37**
Hawks Rd. *H Bay* —3H **11**
Hawley Sq. *Mgte* —3H **5**
Hawley St. *Mgte* —3G **5**
Hawthorn Av. *Cant* —6G **33**
Hawthorn Clo. *Ram* —6E **23**
Hawthorns, The. *Broad* —3C **22**
Hayes All. Whits —3F 9
(off Middle Wall)
Hazelmere Dri. *H Bay* —2H **13**
Hazel Wlk. *Broad* —3C **22**
Hazelwood Meadow. *S'wch* —6B **40**
Hazlemere Rd. *Sea* —6C **8**
Headcorn Dri. *Cant* —4G **33**
Headcorn Gdns. *Clift* —3E **7**
Heart In Hand Rd. *Haw* —5B **14**
Heath Clo. *Sturry* —1D **34**
Heather Clo. *Mgte* —5E **5**
Heath, The. *Whits* —4B **10**
Heathwood Dri. *Ram* —6E **23**
Heaton Rd. *Cant* —4E **37**
Hedgend Ind. Est. *St N* —4F **17**
Heel La. *B Oak* —1A **34**
Heights, The. *Whits* —6E **9**
Helding Clo. *H Bay* —5F **13**
Helena Av. *Mgte* —5G **5**
Helmdon Clo. *Ram* —5C **22**
Helvellyn Av. *Ram* —2B **30**
Hendy Clo. *Whits* —2C **10**
Hengist Av. *Mgte* —4B **6**
Hengist Rd. *Birch* —6A **2**
Hengist Rd. *Wgte S* —5H **3**
Henry Ct. *Cant* —3F **37**
Herbert Rd. *Ram* —3C **30**
Hereford Gdns. *Birch* —1D **18**
Hereson Rd. *Ram* —1F **31**
Hereward Av. *Birch* —5C **2**
Herne Av. *H Bay* —4E **13**
Herne Bay Rd. *B Oak & Sturry* —1C **34**
Herne Bay Rd. *Whits* —2B **10**
Herne Bay W. Ind. Est. *H Bay* —4A **12**
Herne Dri. *H Bay* —5A **12**
Herne St. *H Bay* —6E **13**
Herneville Gdns. *H Bay* —3F **13**
Herschell Rd. *Birch* —5D **2**
Hertford Ct. *Cant* —2A **38**
Hertford Ho. Ram —3E 31
(off Hertford Pl.)
Hertford Pl. *Ram* —3E **31**
Hertford Rd. *Mgte* —5C **6**
Hertford St. *Ram* —3D **30**
Hever Pl. *Cant* —5G **33**
Heywood M. *Cant* —1H **37**
Hibernia St. *Ram* —3E **31**
Highbury Gdns. *Ram* —4B **22**
Highbury Wlk. *Ram* —5B **22**
Highfield Clo. *Blean* —5B **32**
Highfield Clo. *Ram* —4B **22**
Highfield Ct. *H Bay* —3C **12**
Highfield Ct. *Ram* —5B **22**
Highfield Gdns. *Mgte* —4F **5**
Highfield Rd. *Ram* —4B **22**
Highfields Av. *H Bay* —3G **13**
Highfields View. *H Bay* —3G **13**
Highgate Rd. *Whits* —4B **10**
High St. Broadstairs, *Broad* —3G **23**
High St. Canterbury, *Cant* —2F **37**
High St. Fordwich, *F'wch* —4E **35**
High St. Garlinge, *Gar* —1D **20**
High St. Herne Bay, *H Bay* —2C **12**
High St. Manston, *Mans* —1E **29**
High St. Margate, *Mgte* —3G **5**
High St. Minster, *Min* —3G **27**
High St. Ramsgate, *Ram* —2D **30**
High St. St Gregory's. *Cant* —1G **37**
High St. St Lawrence. *St Law* —2B **30**
High St. St Peter's, *St Pet* —2E **23**
High St. Sandwich, *S'wch* —4C **40**
High St. Sturry, *Sturry* —3D **34**
High St. Whitstable, *Whits* —3F **9**
Highstreet Rd. *Hern* —5A **24**
High View Av. *H Bay* —1H **11**
Hilary Clo. *H Bay* —3G **13**
Hildersham Clo. *Broad* —2E **23**
Hillborough Bus. Pk. *H Bay* —3B **14**
Hillborough Dri. *H Bay* —1B **14**
Hillborough Rd. *H Bay* —2F **13**
Hillbrow Av. *H Bay* —5F **13**
Hillbrow Av. *Sturry* —1D **34**
Hillbrow Rd. *Ram* —1D **30**
Hillcroft Rd. *H Bay* —4F **13**
Hiller Clo. *Broad* —1G **23**
Hillman Av. *H Bay* —1G **11**
Hillside Av. *Cant* —1C **36**
Hillside Rd. *Whits* —4A **10**
Hill Top Rd. *H Bay* —2F **13**
Hillview. *Mgte* —6F **5**
Hillview Rd. *Cant* —6C **32**
Hillview Rd. *Whits* —5F **9**
Hinchliffe Way. *Mgte* —5D **6**
Hoades Wood Rd. *Sturry* —1E **35**
Hoath Rd. *Hoath* —1F **35**
Hobart Rd. *Ram* —6A **22**
Hockeredge Gdns. *Wgte S* —5B **4**
Hode La. *Bri* —6C **38**
Hodges Gap. *Mgte* —2C **6**
Hodgson Rd. *Sea* —6A **8**
Hogarth Clo. *H Bay* —2A **14**
Holbrook Dri. *Ram* —6B **22**
Holiday Sq. *Mgte* —2G **5**
Holland Clo. *Broad* —3G **7**
Hollicondane Rd. *Ram* —1D **30**
Hollow La. *Cant* —4E **37**
Hollowmede. *Cant* —4E **37**
Holly Clo. *Broad* —4C **22**
Holly Gdns. *Mgte* —3C **6**
Holly La. *Mgte* —3C **6**
Holly Rd. *Ram* —1E **31**
Holman M. *Cant* —3G **37**
Holme Oak Clo. *Cant* —4F **37**
Holmestead Village. *Ram* —4C **30**
Holm Oak Gdns. *Broad* —3F **23**
Holmscroft Rd. *H Bay* —2H **13**
Holters La. *Cant* —6F **33**

Holton Clo. Birch —1E 19
Holy Ghost All. S'wch —4C 40
(off St Peter's St.)
Homefern Ho. Mgte —2H 5
(off Cobbs Pl.)
Homefleet Ho. Ram —2F 31
(off Wellington Cres.)
Homeleigh Rd. Ram —4B 22
Homespire Ho. Cant —1G 37
(off Knott's La.)
Homestall Ct. Cant —4C 32
Homestead Clo. Mgte —4H 5
Homewood Rd. Sturry —2E 35
Homing Leisure Pk. Sea —2C 24
Honey Hill. Whits —6G 25
Honeysuckle Clo. Mgte —5E 5
Honeysuckle Rd. Ram —1F 31
Honeysuckle Way. H Bay —5H 13
Honeywood Clo. Cant —6H 33
Honfleur Rd. S'wch —5B 40
Hoopers La. H Bay —5H 13
Hopes La. Ram —4C 22
Hopeville Av. Broad —1D 22
Hop Garden Cotts. Cant —4E 37
Hornet Clo. Pys R —4D 22
Horsa Rd. Birch —6B 2
Horsebridge Rd. Whits —3F 9
Horshams, The. H Bay —2H 13
Hoser Gdns. Birch —6E 3
Hospital La. Cant —2F 37
Hovenden Clo. Cant —4G 33
Howard Rd. Broad —4G 23
Hoystings Clo., The. Cant —3G 37
Hubart Pl. Sturry —3D 34
Hubert Way. Broad —1E 23
Hudson Clo. Sturry —2D 34
Hudson Rd. Cant —6H 33
Hugin Av. Broad —6E 7
Humber Av. H Bay —1F 11
Hundreds Clo. Wgte S —6H 3
Hunters Chase. H Bay —5G 13
Hunters Chase. Whits —6G 9
Hunters Forstal Rd. H Bay —5F 13
Hunting Ga. Birch —5D 2
Hunton Gdns. Cant —4G 33
Hurst Gro. Ram —6C 22
Hythe Pl. S'wch —5B 40

Iffin La. Cant —6E 37
Ince Rd. Sturry —1D 34
Ingle Clo. Birch —6F 3
Ingoldsby Rd. Birch —6B 2
Ingoldsby Rd. Cant —4D 36
Inverary Ct. Ram —6E 23
Inverness Ter. Broad —4G 23
Invicta Ho. Cant —3F 37
Invicta Ho. Mgte —4B 6
Invicta Rd. Mgte —5B 6
Invicta Rd. Whits —5H 9
Irchester St. Ram —2F 31
(off Balmoral Pl.)
Iron Bar La. Cant —2G 37
Irvine Dri. Mgte —5C 6
Island Rd. Sturry —3D 34
Island Wall. Whits —4E 9

Ivanhoe Rd. H Bay —4E 13
Ivanhoe Rd. Wgte S —4A 4
Ives Ga. S'wch —4C 40
Ivychurch Gdns. Clift —3E 7
Ivy Cottage Hill. Ram —2A 28
Ivy Ct. T Hill —2E 33
Ivy Ho. Rd. Whits —4H 9
Ivy La. Cant —2G 37
Ivy La. Ram —3D 30
Ivy Pl. Cant —3E 37

Jackson Rd. Win I —3E 37
Jacob Clo. Mgte —6G 5
Jaffa Ct. Whits —5F 9
James Ct. Mgte —3B 6
James St. Ram —3D 30
Jane Grn. M. Cant —6H 33
Jayne Wlk. Whits —1D 24
Jennifer Gdns. Mgte —5C 6
Jessica M. Cant —1H 37
Jesuit Clo. Cant —4G 33
Jewry La. Cant —2F 37
John Graham Ct. Cant —4G 37
John's Grn. S'wch —6A 40
John St. Broad —3H 23
John Wilson Bus. Pk. Ches —4B 10
Joseph Conrad Ho. Cant —1D 36
Joseph Wilson Ind. Est. & Retail Pk. Whits —6H 9
Joss Gap Rd. Broad —4H 7
Joy La. Whits —6C 8
Jubilee Cotts. F'wch —4D 34
Jubilee Ct. Broad —3H 23
(off Oscar Rd.)
Jubilee Rd. S'wch —5B 40
Julie Clo. Broad —1G 23
Junction Rd. H Bay —5A 12
Juniper Clo. Cant —4G 37
Juniper Clo. Whits —4H 9

Keat Farm Clo. H Bay —2B 14
Keith Av. Ram —1A 30
Kemp All. Whits —4F 9
(off Middle Wall)
Kemp Rd. Whits —3C 10
Kemsing Gdns. Cant —4H 33
Kendal Clo. Ram —3A 30
Kendal Rise. Broad —2G 23
Kennedy Ho. Ram —2F 31
(off Newcastle Hill)
Kensington Rd. Cant —4A 34
Kent Av. Cant —2A 38
Kent Gdns. Birch —6D 2
Kent International Bus. Pk. Ram —5H 19
Kentmere Av. Ram —2H 29
Kenton Gdns. Min —3F 27
Kent Pl. Ram —3F 31
Kent Rd. Mgte —5B 6
Kent St. Whits —5F 9
Kent Ter. Ram —3F 31
(off Harbour Pde.)
Kevin Dri. Ram —3B 30
Keyworth M. Cant —6H 33
Kilbride Ct. Ram —6F 23
Kilndown Gdns. Cant —4G 33
Kilndown Gdns. Clift —3E 7

Kimberley Ct. Wgte S —4A 4
(off Sea Rd.)
Kimberley Gro. Sea —1B 24
Kimberley Rd. Ram —6A 22
King Arthur Rd. C'snd —2F 29
King Edward Av. Broad —3G 23
King Edward Av. H Bay —3F 13
King Edward Ct. H Bay —3F 13
King Edward Rd. Birch —1D 18
King Edward Rd. Ram —3C 30
King Edward St. Whits —4F 9
Kingfisher Clo. Mgte —6D 4
Kingfisher Clo. Whits —6E 9
Kingfisher Ct. H Bay —4B 12
Kingfisher Wlk. Broad —2F 23
Kings Av. Birch —5B 2
King's Av. Broad —2H 23
Kings Av. Ram —6B 22
King's Av. Whits —4G 9
King's Bri. Cant —2F 37
Kingsfield Rd. H Bay —5F 13
Kingsgate Av. Broad —4F 7
Kingsgate Bay Rd. Broad —3H 7
Kingsley Rd. Whits —5G 9
Kingsmead Rd. Cant —6G 33
King's M. Cant —1G 37
Kings Pk. Cant —1H 37
King's Pl. Ram —3E 31
(off Abbot's Hill)
Kings Rd. Birch —1E 19
Kings Rd. H Bay —3D 12
King's Rd. Ram —1D 30
Kingston Av. Mgte —6D 4
Kingston Clo. H Bay —2B 14
Kingston Clo. Ram —5B 22
King St. Cant —1F 37
King St. F'wch —4E 35
King St. Mgte —2G 5
King St. Ram —3E 31
King St. S'wch —4C 40
Kirby's La. Cant —1F 37
Kirkstone Av. Ram —2H 29
Kite Farm. Whits —2D 10
Knight Av. Cant —2C 36
Knightrider St. S'wch —5C 40
Knights All. Whits —3F 9
(off Middle Wall)
Knight's Av. Broad —1H 23
Knockholt Rd. Clift —2E 7
Knold Pk. Mgte —5G 5
Knott's La. Cant —1G 37
Knowler Way. H Bay —2G 13
Knowlton Wlk. Cant —1H 37

La Belle Alliance Sq. Ram —2E 31
Laburnum Av. S'wch —5B 40
Laburnum La. Sturry —1F 35
Lackenden Cotts. L'brne —4H 39
Ladesfield. Whits —6E 9
Ladyfields. H Bay —5H 13
Ladysmith Gro. Sea —1B 24
Ladysmith Rd. Whits —2D 24
Ladywood Rd. Sturry —1D 34
Lady Wootton's Grn. Cant —2G 37

Lagos Av. Ram —6A 22
Laking Av. Broad —6G 7
Laleham Gdns. Mgte —3B 6
Laleham Rd. Mgte —4B 6
Laleham Wlk. Mgte —4B 6
Lamberhurst Way. Clift —2F
Lambeth Rd. Cant —4A 34
Lambourne Wlk. Cant —2A 3
(off Sturmer Clo.)
Lambs Wlk. Whits —1E 25
Laming Rd. Birch —1F 19
Lancaster Gdns. Birch —1D 1
Lancaster Gdns. H Bay —2H 1
Lancaster Rd. Cant —4F 37
Lancester Clo. Ram —6B 22
Lanchester Clo. H Bay —2G 1
Landon Rd. H Bay —2G 13
Lane End. H Bay —2B 12
Lane's Wlk. Whits —3F 9
Lanfranc Gdns. Harb —1C 36
Lang Ct. Whits —2C 10
Langdale Av. Ram —2A 30
Langham Clo. Mgte —4D 4
Langley Gdns. Clift —2E 7
Langton La. Cant —6G 37
Lansdown Cotts. Cant —3G 3
Lansdown Rd. Cant —3G 37
Lanthorne Rd. Broad —6G 7
Larch Clo. Broad —3D 22
Larches, The. Whits —5E 9
Latimer Clo. H Bay —3H 11
Laundry Rd. Min —3H 27
Laureate Clo. Mgte —3B 6
Lauriston Clo. Ram —4A 30
Lauriston Mt. Broad —2G 23
Lausanne Rd. Mgte —3H 5
Lavender Clo. Ches —3C 10
Lavender Clo. Mgte —5E 5
Lawley Clo. Ram —6C 22
Lawn Rd. Broad —2G 23
Lawns, The. Ram —2F 31
Lawn Vs. Ram —3E 31
(off Guildford Lawn)
Lawrence Av. Ram —4B 30
Lawrence Gdns. H Bay —3G 1
Laxton Way. Cant —3A 38
Laxton Way. Ches —4C 10
Laylam Clo. Broad —2D 22
Leas Grn. Broad —3D 22
Leas, The. Ches —4D 10
Leatt Clo. Broad —3F 23
Lees, The. H Bay —2G 13
(in two parts)
Leggetts La. Whits —3F 9
Leicester Av. Clift —3C 6
Leigh Rd. Ram —6H 21
Leighville Dri. H Bay —3B 12
Length, The. St N —5F 17
Lenham Clo. Broad —5G 23
Lenham Gdns. Mgte —5D 4
Leona Ct. Mgte —3B 6
Leonards Av. Ram —6E 23
Leopold Rd. Ram —1E 31
Leopold St. Ram —3E 31
Lerryn Gdns. Broad —5F 7
Lesley Av. Cant —4G 37
Leslie Av. Mgte —6D 4
Leslie Rd. Birch —5E 3
Lewis Cres. Clift —2B 6

Leybourne Dri. *Mgte* —5D **4**
Leybourn Rd. *Broad* —5H **23**
Leycroft Clo. *Cant* —5E **33**
Lichfield Av. *Cant* —4H **37**
Lillian Rd. *Ram* —1F **31**
Lime Kiln Rd. *Cant* —3F **37**
(in two parts)
Lincoln Av. *Cant* —3H **37**
Lincoln Clo. *Whits* —2D **10**
Lincoln Gdns. *Birch* —6D **2**
Linden Av. *Broad* —2H **23**
Linden Av. *H Bay* —3C **12**
Linden Av. *Whits* —4H **9**
Linden Chase. *Cant* —1E **37**
Linden Clo. *Wgte S* —6A **4**
Linden Gro. *Cant* —1E **37**
Linden Rd. *Wgte S* —5B **4**
Lindenthorpe Rd. *Broad* —1F **23**
Linington Rd. *Birch* —1E **19**
Link La. *Cant* —2G **37**
Link Rd. *Broad* —5F **7**
Link Rd. *T Hill* —2E **33**
Links Clo. *H Bay* —4E **13**
Linksfield Rd. *Wgte S* —6H **3**
Linley Ho. *Broad* —6E **7**
Linnet Av. *Whits* —1D **24**
Lionard Ho. *Cant* —1E **37**
Lisa Ct. *Whits* —3A **10**
Lismore Rd. *H Bay* —2H **13**
Lismore Rd. *Whits* —5B **10**
Lister Rd. *Mgte* —5A **6**
Littlebourne Rd. *Bek* —5G **39**
Littlebourne Rd. *Cant* —2A **38**
Lit. Charles St. *H Bay* —2D **12**
Lit. Paddocks. *Ches* —6D **10**
Liverpool Lawn. *Ram* —3E **31**
Livingstone Rd. *Broad* —1E **23**
Lloyd Rd. *Broad* —3G **23**
Lombard St. *Mgte* —3G **5**
London Rd. *Cant* —1D **36**
London Rd. *Ram* —3B **30**
London Rd. *Up Harb* —1A **36**
Longacre *Ches* —4D **10**
Long Acre Clo. *Cant* —6E **33**
Longfield Clo. *Whits* —3D **10**
Longmarket, The. *Cant* —2G **37**
Longmead Clo. *H Bay* —4A **12**
Long Meadow Way. *Cant* —4F **33**
Longport. *Cant* —2G **37**
(in two parts)
Long Reach Clo. *Whits* —1E **25**
Long Rock. *Whits* —2D **10**
Longtye Dri. *Ches* —5C **10**
Lonsdale Av. *Mgte* —2B **6**
Lonsdale Dri. *H Bay* —1H **11**
Loop Ct. M. *S'wch* —4B **40**
Loop St. *S'wch* —4B **40**
Lorina Rd. *Ram* —1C **30**
Lorne Rd. *Ram* —3C **30**
Loughborough Ct. *Ram* —2E **31**
Love La. *Cant* —2G **37**
Love La. *Mgte* —2G **5**
*Love La. S'wch —4C **40***
(off Stand St.)
Lovell Rd. *R Comn* —5B **32**
Love St. Clo. *H Bay* —5A **12**
Lwr. Bridge St. *Cant* —2G **37**
Lwr. Chantry La. *Cant* —2G **37**
Lwr. Herne Rd. *H Bay* —6C **12**
Lwr. Northdown Av. *Mgte* —3B **6**
Lucerne Ct. *Sea* —1B **24**
Lucerne Dri. *Sea* —1B **24**
Luckhurst Gdns. *Clift* —2E **7**
*Lullingstone Ct. Cant —2F **37***
(off St John's La.)
Luton Av. *Broad* —4F **23**
Luton Ct. *Broad* —4F **23**
*Lyell Ct. Birch —6D **2***
(off Lyell Rd.)
Lyell Rd. *Birch* —5D **2**
Lyminge Way. *Mgte* —4C **6**
Lymington Rd. *Wgte S* —6H **3**
Lyndhurst Av. *Mgte* —3B **6**
Lyndhurst Clo. *Cant* —5E **33**
Lyndhurst Rd. *Broad* —1G **23**
Lyndhurst Rd. *Ram* —2F **31**
Lyngate Ct. *Clift* —3D **6**
Lypeat Ct. *Cant* —4C **32**
Lysander Clo. *Bek* —6H **39**
Lysander Clo. *Pys R* —4C **22**
Lytham Av. *H Bay* —6B **12**

McCarthy Av. *Sturry* —1D **34**
Macdonald Pde. *Sea* —1C **24**
*McKinlay Ct. Birch —5B **2***
(off Parade, The)
Madeira Rd. *Mgte* —3A **6**
Madeira Wlk. *Ram* —3E **31**
Magdala Rd. *Broad* —1E **23**
Magdalen Ct. *Broad* —1G **23**
Magdalen Ct. *Cant* —3G **37**
Magnolia Av. *Clift* —3D **6**
Magnolia Rise. *H Bay* —5H **13**
Maiden La. *Cant* —4D **36**
Mallory Clo. *Ram* —5C **22**
Malthouse Rd. *Cant* —6F **33**
*Maltings, The. Cant —2G **37***
(off Longport)
Malvern Pk. *H Bay* —3H **13**
Manciple Clo. *Cant* —3C **36**
Mandeville Rd. *Cant* —6E **33**
Mannock Ho. *Cant* —1H **37**
Manor Clo. *Cant* —5C **36**
Manor Clo. *H Bay* —1B **14**
Manor Ct. *Cant* —3F **37**
Manor Dri. *Birch* —1D **18**
Manor Lea Rd. *St N* —6F **17**
Manor Rd. *Broad* —3F **23**
Manor Rd. *H Bay* —1B **14**
Manor Rd. *St N* —5F **17**
Manor Rd. *Whits* —2A **10**
Mansion St. *Mgte* —2G **5**
Manston Camping & Cvn. Pk. *Mans* —5E **21**
Manston Ct. Rd. *Mans* —6E **21**
Manston Rd. *Birch* —3F **19**
Manston Rd. *Mans* —5C **20**
Mantelow Ct. *Broad* —5F **23**
Manwood Av. *Cant* —5F **33**
Manwood Rd. *S'wch* —5C **40**
Maple Clo. *R Comn* —5B **32**
Maple Ho. *R Comn* —5B **32**
Maples, The. *Broad* —3D **22**
Maple Ter. *Cant* —2F **37**
Marden Av. *Ram* —1B **30**
Margaret Ct. *H Bay* —3D **12**
Margate Hill. *Acol* —4F **19**
Margate Rd. *Broom* —4F **13**
Margate Rd. *H Bay* —5G **13**
Margate Rd. *Mgte* —2A **22**
Marilyn Cres. *Birch* —6F **3**
Marina Esplanade. *Ram* —3F **31**
Marina Rd. *Ram* —2F **31**
Marine Cres. *Whits* —2B **10**
Marine Dri. *Broad* —2G **7**
Marine Dri. *Mgte* —3G **5**
Marine Gap. *Whits* —4E **9**
Marine Gdns. *Mgte* —3G **5**
Marine Pde. *Whits* —2H **9**
Marine Ter. *Mgte* —3F **5**
Marine Ter. *Whits* —4E **9**
Maritime Av. *H Bay* —3G **13**
Mark Av. *Ram* —4B **30**
*Market Pl. Mgte —2G **5***
(off Market St.)
Market St. *H Bay* —2D **12**
Market St. *Mgte* —2G **5**
Market St. *S'wch* —4B **40**
(in two parts)
Market Way. *Cant* —6G **33**
Marlborough Clo. *Broad* —4E **23**
Marlborough Rd. *Mgte* —4G **5**
Marlborough Rd. *Ram* —3D **30**
Marlborough St. *Whits* —2F **25**
Marley Ct. *Cant* —4C **32**
Marlow Clo. *Whits* —4B **10**
Marlowe Arc. *Cant* —2F **37**
Marlowe Av. *Cant* —2F **37**
*Marlowe Ct. Cant —1F **37***
(off King St.)
Marlowe Meadows. *F'wch* —4D **34**
Marlowe Rd. *Mgte* —5C **6**
*Marlow Ho. Birch —6F **3***
(off Sutherland Dri.)
Marrose Av. *Ram* —4B **22**
Marshall Cres. *Broad* —3E **23**
*Marsham M. Cant —1H **37***
(off Clement Clo.)
Marsh Farm Rd. *Min* —6F **27**
Marshwood Clo. *Cant* —5A **34**
Martindale Clo. *Cant* —3G **37**
Martindown Rd. *Whits* —1E **25**
Martin's Clo. *Ram* —5C **22**
Martyr's Field Rd. *Cant* —3E **37**
Mary Grn. Wlk. *Cant* —6H **33**
Maryland Gro. *Cant* —4H **37**
Masons Rise. *Broad* —2G **23**
Matthews Rd. *H Bay* —5A **12**
Maugham Ct. *Whits* —5F **9**
Maxine Gdns. *Broad* —2F **23**
Maxted Ct. *H Bay* —3G **13**
Maybrook Ind. Est. *Cant* —5A **34**
Maydowns Rd. *Ches* —3D **10**
Mayfield Rd. *H Bay* —4E **13**
Mayforth Gdns. *Ram* —3B **30**
Maynard Av. *Mgte* —5D **4**
*Maynard & Cotton's Spital. Cant —2F **37***
(off Hospital La.)
Maynard Rd. *Win I* —3D **36**
May's Rd. *Ram* —3C **30**
Maystreet. *H Bay* —3B **14**
(in two parts)
Mayville Rd. *Broad* —1E **23**
Meadow Clo. *H Bay* —3G **13**
Meadow Dri. *Ches* —5D **10**
Meadow Rd. *Cant* —6C **32**
Meadow Rd. *Mgte* —4D **4**
Meadow Rd. *Sturry* —2D **34**
Meadows, The. *H Bay* —5G **13**
Meadow Wlk. *Whits* —6E **9**
Mead Way. *Cant* —1E **37**
Medina Av. *Whits* —6D **8**
Meeting St. *Ram* —2E **31**
Melbourne Av. *Ram* —1A **30**
Mellanby Rd. *Birch* —1E **19**
Melsetter Clo. *Birch* —6F **3**
Memel Pl. *Ram* —3D **30**
Mentmore Ho. *Ram* —4C **22**
Mentmore Rd. *Ram* —4C **22**
Mercery La. *Cant* —2F **37**
Merchants Way. *Cant* —3C **36**
Mere Ga. *Mgte* —4G **5**
Merrywood Gro. *H Bay* —5H **13**
Merton Cotts. *Cant* —5G **37**
Merton La. *Cant* —6E **37**
Metcalfe M. *Cant* —6H **33**
Meteor Av. *Whits* —6D **8**
Meverall Av. *C'snd* —4F **29**
Michael Av. *Ram* —1G **31**
Michelle Gdns. *Mgte* —5C **4**
Mickleburgh Av. *H Bay* —4F **13**
Mickleburgh Hill. *H Bay* —3E **13**
Middle Wall. *Whits* —3F **9**
Miles Way. *Birch* —6D **2**
Military Rd. *Cant* —1G **37**
Military Rd. *Ram* —3E **31**
Mill Clo. *S'wch* —3A **40**
Mill Cotts. *Ram* —3C **30**
Miller Av. *Cant* —2D **36**
Millers Ct. *Whits* —6F **9**
Millers La. *Monk* —2A **26**
Mill Field. *Broad* —2F **23**
Millfield Mnr. *Whits* —4G **9**
Millfield Rd. *Ram* —4B **22**
Millhouse Dri. *Ram* —2G **27**
Mill La. *Birch* —1D **18**
Mill La. *Cant* —1F **37**
Mill La. *Harb* —2C **36**
Mill La. *H Bay* —6F **13**
Mill La. *Mgte* —3G **5**
Mill La. N. *H Bay* —4F **13**
Millmead Av. *Mgte* —4D **6**
Millmead Gdns. *Mgte* —4D **6**
Millmead Rd. *Mgte* —4B **6**
Mill Rd. *Sturry* —4C **34**
Mill Row. *Birch* —1D **18**
Millstream Clo. *Whits* —4G **9**
Millstrood Rd. *Whits* —5G **9**
Mill View Rd. *H Bay* —6E **13**
Mill Wall. *S'wch* —5C **40**
Mill Wall Pl. *S'wch* —5C **40**
Milner Ct. *Sturry* —3D **34**
Milner La. *Sturry* —3D **34**
Milner Rd. *Sea* —1C **24**
Milton Av. *Mgte* —4H **5**
Milton Clo. *Cant* —4A **38**
Milton Rd. *Cant* —4G **37**
*Milton Sq. Mgte —4H **5***
(off Shakespeare Rd.)

Minerva Ho. Ram —2D ***30***
(off High St. Ramsgate,)
Minnis Rd. *Birch* —5B **2**
Minster Clo. *Broad* —5G **23**
Minster Dri. *H Bay* —3B **12**
Minster Rd. *Acol* —5F **19**
Minster Rd. *Ram* —4B **30**
Minster Rd. *Wgte S* —5A **4**
Mint, The. *Harb* —1C **36**
Moat La. *F'wch* —5D **34**
Moat La. *R Comn* —4B **32**
Moat Sole. *S'wch* —4B **40**
Mockett Dri. *Broad* —6F **7**
Molehill Rd. *Ches* —6D **10**
Molineux Rd. *Min* —3F **27**
Molland Rd. *Cant* —4G **37**
Monastery St. *Cant* —2G **37**
Monks Clo. *Cant* —6G **33**
Monkton Gdns. *Clift* —2E **7**
Monkton Mnr. *Ram* —2A **26**
Monkton Pl. *Ram* —2D **30**
Monkton Rd. *Min* —3C **26**
Monkton St. *Monk* —2A **26**
Montague Rd. *Ram* —1E **31**
Montague St. *H Bay* —2C **12**
Montefiore Av. *Ram* —6F **23**
Montefiore Cotts. *Ram* —1F **31**
Montfort Clo. *Cant* —4G **33**
Montpelier Av. *Whits* —2F **25**
Moorfield. *Cant* —4F **33**
Moorside Ct. *Cant* —1D **36**
Moray Av. *Birch* —5D **2**
Mordaunt Av. *Wgte S* —5A **4**
Morris Av. *H Bay* —1F **11**
Mortimer St. *H Bay* —2D **12**
Moss End M. *Ram* —5E **23**
Mountfield Way. *Wgte S* —1H **19**
Mt. Green Av. *C'snd* —4F **29**
Mt. Pleasant. *Blean* —2A **32**
Mount Rd. *Cant* —4A **38**
Mt. View Rd. *H Bay* —5E **13**
Moyes Clo. *C'snd* —4F **29**
Muir Rd. *Ram* —1F **31**
Mulberry Clo. *Ram* —1F **31**
Mulberry Ct. *Cant* —2F **37**
Mulberry Fld. *S'wch* —4B **40**
Musgrave Clo. *Mans* —5B **20**
Mutrix Gdns. *Mgte* —4C **4**
Mutrix Rd. *Mgte* —5D **4**
Mymms Clo. *Ches* —5C **10**

Nacholt Clo. *Whits* —3A **10**
Nackington Ct. *Cant* —4H **37**
Nackington Rd. *Cant* —6G **37**
Napier Rd. *Broad* —1E **23**
Napleton Ct. *Ram* —3C **30**
Napleton Rd. *Ram* —3C **30**
Nash Ct. Gdns. *Mgte* —5G **5**
Nash Ct. Rd. *Mgte* —5H **5**
Nash Gdns. *Broad* —3H **23**
Nash La. *Mgte* —6H **5**
Nash Rd. *Mgte* —5G **5**
Nasmyth Rd. *Birch* —5E **3**
Naylands. *Mgte* —4F **5**
Neal's Pl. Rd. *Cant* —6C **32**
Neame Rd. *Birch* —6E **3**
Nelson Ct. *Birch* —5C **2**
Nelson Cres. *Ram* —3E **31**
Nelson Pl. *Broad* —2H **23**
Nelson Rd. *Mgte* —2F **21**
Nelson Rd. *Whits* —4E **9**
Ness, The. *Cant* —5H **37**
Nethercourt Circ. *Ram* —3B **30**
Nethercourt Farm Rd. *Ram* —2B **30**
Nethercourt Hill. *Ram* —3B **30**
Netherhale Farm Rd. *St N* —3H **17**
Nethersole Clo. *Cant* —4G **33**
Newbury Clo. *Birch* —1F **19**
Newbys Pl. *Mgte* —3G **5**
Newcastle Hill. *Ram* —2E **31**
Newce Wlk. *Cant* —6H **33**
New Cotts. *S'wch* —4B **40**
New Cross St. *Mgte* —3G **5**
New Dover Rd. *Cant* —3G **37**
Newgate Gap. Mgte —2A ***6***
(off Percy Rd.)
Newgate Lwr. Promenade. *Mgte* —2A **6**
Newgate Promenade. *Mgte* —2A **6**
New Ho. Clo. *Cant* —6E **37**
New Ho. La. *Cant* —6D **36**
Newington Rd. *Ram* —6B **22**
Newlands Ho. *Ram* —5E **23**
Newlands La. *Broad* —4D **22**
Newlands Rd. *Ram* —6D **22**
Newport Ct. *Cant* —4H **37**
New Rd. *Cant* —4A **32**
New Romney Pl. *S'wch* —5B **40**
New Ruttington La. *Cant* —1G **37**
New St. *H Bay* —2D **12**
New St. *Mgte* —3G **5**
New St. *S'wch* —4C **40**
New St. *St D* —1E **37**
New St. *Whits* —3F **9**
New St. *Win* —3E **37**
Newton Rd. *Whits* —3B **10**
New Town St. *Cant* —6G **33**
Nicholas Dri. *C'snd* —4F **29**
Nicholls Av. *Broad* —5F **23**
Nightingale Av. *Whits* —1D **24**
Nixon Av. *Ram* —5C **22**
Noble Ct. *Mgte* —5C **4**
Noble Gdns. *Mgte* —5C **4**
No Name St. *S'wch* —4B **40**
Nonsuch Clo. *Cant* —2A **38**
Nook, The. *Ram* —4C **22**
Norfolk Rd. *Cant* —4E **37**
Norfolk Rd. *Flete* —2F **21**
Norfolk Rd. *Mgte* —3B **6**
Norfolk St. *Whits* —5F **9**
Norman Rd. *Broad* —1E **23**
Norman Rd. *Cant* —3F **37**
Norman Rd. *Ram* —3B **30**
Norman Rd. *Wgte S* —4B **4**
Norman Rd. *Whits* —5F **9**
Norrie Rd. *Birch* —1E **19**
North Av. *Ram* —3D **30**
Northbourne Way. *Clift* —4E **7**
Northcliffe Gdns. *Broad* —6G **7**
Northdown Av. *Mgte* —3B **6**
Northdown Hill. *Broad* —5D **6**
Northdown Ind. Pk. *Broad* —1E **23**
Northdown Pk. Rd. *Mgte* —3B **6**
Northdown Rd. *Mgte* —2H **5**
Northdown Rd. *St Pet* —1E **23**
Northdown Trad. Est. *Broad* —6D **6**
Northdown Way. *Mgte* —4C **6**
(in two parts)
N. Foreland Av. *Broad* —6H **7**
N. Foreland Rd. *Broad* —6H **7**
Northgate. *Cant* —1G **37**
N. Holmes Rd. *Cant* —1G **37**
North La. *Cant* —1F **37**
North Stream. *Cant* —4E **15**
North St. *H Bay* —2E **13**
Northumberland Av. *Mgte* —4C **6**
Northumberland Ct. *Clift* —2C **6**
Northwood Ho. *H Bay* —6B **12**
Northwood Rd. *Ram* —4C **22**
Northwood Rd. *Whits* —3G **9**
Norton Dri. *Min* —3F **27**
Norview Rd. *Whits* —6D **8**
Notley St. *Cant* —1G **37**
Notley Ter. Cant —1G ***37***
(off Notley St.)
Nottingham Rd. *Birch* —2D **18**
Nunnery Fields. *Cant* —4G **37**
Nunnery Rd. *Cant* —3F **37**
Nursery Clo. *Ram* —2C **30**
Nursery Clo. *Whits* —4A **10**
Nursery Fields. *Acol* —4F **19**
Nursery Ind. Est. *H Bay* —4A **12**
Nurserylands. *H Bay* —4D **12**
Nursery Wlk. *Cant* —6E **33**

Oakdale Rd. *H Bay* —3E **13**
Oakdene Rd. *Ram* —6C **22**
Oakfield Ct. *Ram* —1B **30**
Oakland Ct. *H Bay* —2C **12**
Oaklands Av. *Broad* —2E **23**
Oaklands Way. *Sturry* —1F **35**
Oakleigh La. *Bek* —5F **39**
Oakridge. *Broad* —4G **7**
Oaks Av. *H Bay* —5B **12**
Oaks Pk. *R Comn* —5B **32**
Oaks, The. *Broad* —6F **7**
Oaks, The. *St N* —5F **17**
Oak Tree Gro. *Mgte* —5C **4**
Oakwood Dri. *Whits* —4A **10**
Oakwood Rd. *Sturry* —1E **35**
Oast Cotts. *Cant* —3E **37**
Oast Ct. *Mgte* —5H **5**
Oast, The. *Cant* —4H **37**
Oaten Hill. *Cant* —3G **37**
Oaten Hill Pl. *Cant* —3G **37**
Ocean Clo. *Birch* —5F **3**
Ocean View. *Broad* —6G **23**
Ocean View. *H Bay* —1A **14**
Offley Clo. *Mgte* —4C **6**
Ogilvy Ct. *Broad* —6E **7**
Olantigh Ct. *Birch* —6E **3**
Olave Rd. *Mgte* —4A **6**
Old Boundary Rd. *Wgte S* —4B **4**
Old Bri. Rd. *Whits* —4G **9**
Old Crossing Rd. *Mgte* —4D **4**
Old Dairy Clo. *Ram* —2F **31**
Old Dover Rd. *Cant* —3G **37**
Old Farm Clo. *Whits* —1E **25**
Old Farm Rd. *Birch* —6B **2**
Old Fold. *Ches* —5C **10**
Old Grn. Rd. *Broad* —6F **7**
Old Grn. Rd. *Mgte* —4C **6**
Old Hall Dri. *C'snd* —4E **29**
Oldhawe Hill. *H Bay* —6G **13**
Old Kingsdown Clo. *Broad* —4E **23**
Old Pal. Rd. *Pat* —6G **39**
Old Pk. Av. *Cant* —6A **34**
Old Pk. Ct. *Cant* —6A **34**
Oldroyd Ho. *Cant* —1D **36**
Old Ruttington La. *Cant* —1G **37**
Old School Gdns. *Mgte* —4A **6**
Olive Gro. *Ram* —1F **31**
Omer Av. *Clift* —3C **6**
Orange St. *Cant* —2F **37**
Orchard Clo. *Cant* —4F **33**
Orchard Clo. *Min* —2F **27**
Orchard Clo. *Ram* —4B **22**
Orchard Clo. *Whits* —2H **9**
Orchard Ct. *H Bay* —6D **12**
Orchard Flats. *Cant* —3B **38**
Orchard Gdns. *Mgte* —4C **4**
Orchard La. *St N* —6F **17**
Orchard Pk. Homes. *H Bay* —3H **13**
Orchard Rd. *H Bay* —4D **12**
Orchard Rd. *Mgte* —5C **4**
Orchard Row. *H Bay* —6E **13**
Orchard St. *Cant* —1E **37**
Orchard Vs. *Sturry* —3D **34**
Orient Pl. *Cant* —1F **37**
Osborne Gdns. *H Bay* —2H **13**
Osborne Rd. *Broad* —3F **23**
Osborne Ter. *Mgte* —4H **5**
Osbourn Av. *Wgte S* —5A **4**
Oscar Rd. *Broad* —3H **23**
Osprey Clo. *Whits* —6E **9**
Otham Clo. *Cant* —4G **33**
Owl's Hatch Rd. *H Bay* —6B **12**
Oxenden Pk. Dri. *H Bay* —3C **12**
Oxenden St. *H Bay* —2C **12**
Oxford Clo. *Whits* —4F **9**
Oxford Ct. *Cant* —3F **37**
Oxford Rd. *Cant* —4F **37**
Oxford St. *Mgte* —4H **5**
Oxford St. *Whits* —4F **9**
Oxney Clo. *Birch* —6D **2**
Oyster Clo. *H Bay* —2H **11**
Oysters, The. *Whits* —2G **9**

Packers La. *Ram* —2E **31**
Paddock Rd. *Birch* —6E **3**
Paddocks, The. *Broad* —6F **7**
Paddocks, The. *H Bay* —2A **14**
Paddock, The. *Cant* —2H **37**
Paddock View *Whits* —6F **9**
Paffard Clo. *Sturry* —1D **34**
Palace Clo. *Whits* —3B **10**
Palace St. *Cant* —1F **37**
Palmars Cross Hill. *R Comn* —1A **36**
Palm Bay Av. *Mgte* —2C **6**
Palm Bay Gdns. *Clift* —2C **6**

*Palm Ct. Wgte S —4A **4***
(off Rowena Rd.)
Palmer Clo. *H Bay* —6F **13**
Palmer Cres. *Mgte* —5C **6**
Palmerston Av. *Broad* —4H **23**
Parade, The. *Birch* —6B **2**
Parade, The. *Broad* —3H **23**
Parade, The. *Cant* —2F **37**
Parade, The. *Mgte* —2G **5**
Paradise. *Ram* —2D **30**
Paradise Row. *S'wch* —4B **40**
Paragon. *Ram* —4D **30**
*Paragon Ct. Mgte —2H **5***
(off Fort Paragon)
Paragon Promenade. *Ram* —4D **30**
Paragon St. *Ram* —4D **30**
Pardoner Clo. *Cant* —3C **36**
Parham Clo. *Cant* —6H **33**
Parham Rd. *Cant* —6H **33**
Park Av. *Birch* —1D **18**
Park Av. *Broad* —5E **23**
Park Av. *Whits* —2G **9**
Park Chase. *Broad* —5E **23**
Park Clo. *Mgte* —4D **6**
Park Cotts. *Ram* —5E **23**
Park Ct. *Sturry* —2D **34**
Park Cres. Rd. *Mgte* —3A **6**
Pk. Farm Bungalows. *T Hill* —2E **33**
Park Farm Clo. *T Hill* —2E **33**
Park Ga. *Broad* —5F **23**
Parkland Ct. *Broad* —1F **23**
Park La. *Birch* —1E **19**
Park La. *Mgte* —3H **5**
Park Pl. *Mgte* —3G **5**
Park Rd. *Birch* —1F **19**
Park Rd. *Broad* —1H **23**
Park Rd. *H Bay* —3D **12**
Park Rd. *Mgte* —3A **6**
Park Rd. *Ram* —2D **30**
Park View. *Sturry* —2D **34**
Parkway, The. *Birch* —6F **3**
Parkwood Clo. *Broad* —5E **23**
Park Wood Rd. *Cant* —4C **32**
Parsonage Fields. *Monk* —2A **26**
Parsonage Rd. *H Bay* —4E **13**
*Passage, The. Mgte —2H **5***
(off Zion Pl.)
Pathway, The. *Broad* —2H **23**
Patricia Way. *Pys R* —4C **22**
Payton Clo. *Mgte* —1A **22**
Payton M. *Cant* —1H **37**
Pean Ct. Rd. *Whits* —4F **25**
Pean Hill. *Whits* —4F **25**
*Pearmain Wlk. Cant —3A **38***
(off Fiesta Way)
Pearsons Cotts. *Whits* —3F **9**
Pearson's Way. *Broad* —6E **7**
Pear Tree Clo. *Broad* —3C **22**
Peartree Rd. *H Bay* —5F **13**
Pegwell Av. *Ram* —4A **30**
Pegwell Bay Cvn. Pk. *Ram* —4A **30**
Pegwell Clo. *Ram* —4A **30**
Pegwell Ct. *Ram* —4B **30**
Pegwell Rd. *Ram* —4A **30**
Pembroke Av. *Mgte* —4D **4**
*Pembroke Ct. Ram —2E **31***
(off Hardres St.)
Pennington Clo. *W'bre* —1G **35**
Penshurst Clo. *Cant* —5G **33**
Penshurst Gdns. *Clift* —3F **7**
Penshurst Rd. *Ram* —2F **31**
Percy Av. *Broad* —4F **7**
Percy Rd. *Broad* —2F **23**
Percy Rd. *Clift* —2A **6**
Percy Rd. *Ram* —1D **30**
Peri Ct. *Cant* —4E **37**
Perkins Av. *Mgte* —5H **5**
*Petchell M. Cant —6H **33***
(off Teddington Clo.)
Pettman Clo. *H Bay* —4D **12**
Pettmans M. *Whits* —4E **9**
Petts Cres. *Min* —4F **27**
Philip Corby Clo. *Clift* —3B **6**
Phillips Rd. *Birch* —1E **19**
Picton Rd. *Ram* —3C **30**
Pier App. *Broad* —3H **23**
Pier Av. *H Bay* —2C **12**
Pier Av. *Whits* —2A **10**
Pier Chine. *H Bay* —3C **12**
Pierpoint Rd. *Whits* —6F **9**
Pierremont Av. *Broad* —3G **23**
Pigeon La. *H Bay* —5E **13**
Pilckem Clo. *Cant* —1B **38**
Pilgrims La. *Sea* —2D **24**
Pilgrims Way. *Cant* —3H **37**
(in three parts)
Pine, The. *Broad* —3D **22**
Pine Tree Av. *Cant* —6E **33**
Pinetree Clo. *Whits* —2H **9**
Pine Wlk. *H Bay* —2A **14**
Pinewood Clo. *Ram* —6C **22**
Pin Hill. *Cant* —3F **37**
Pintail Way. *H Bay* —5G **13**
Plains of Waterloo. *Ram* —2E **31**
Plantation Rd. *Ches* —3D **10**
*Playing Fields. S'wch —6A **40***
(off Poulders Gdns.)
Plenty Brook Rd. *H Bay* —4D **12**
Pleydell Cres. *Sturry* —1D **34**
Plough Ct. *H Bay* —5H **13**
Plough La. *Whits* —2D **10**
Pluckley Gdns. *Clift* —3E **7**
Plumpton Wlk. *Cant* —1H **37**
Plumpudding La. *Dar* —6A **24**
Plumstone Rd. *Monk* —6C **18**
Plumtree Gdns. *Birch* —6D **2**
Poets' Corner. *Mgte* —4H **5**
*Poldark Ct. Ram —2F **31***
(off Victoria Pde.)
Polo Way. *Ches* —4D **10**
Pond Cotts. *H Bay* —5H **13**
*Pondicherry All. S'wch —4C **40***
(off Up. Strand St.)
Poorhole La. *Broad* —2B **22**
Popes La. *Sturry* —1C **34**
Poplar Dri. *H Bay* —5A **12**
Poplar Rd. *Broad* —1E **23**
Poplar Rd. *Ram* —2D **30**
Portland Ct. *Ram* —2E **31**
Portway. *Whits* —5E **9**
Potten St. *St N* —3D **16**
Potten St. Rd. *St N* —3D **16**
Potter St. *S'wch* —4C **40**
Poulders Gdns. *S'wch* —6A **40**
(in two parts)
Poulders Rd. *S'wch* —5A **40**
Pound La. *Cant* —1F **37**
Powell Cotton Dri. *Birch* —1F **19**
Precincts, The. *Cant* —1G **37**
Prestedge Av. *Ram* —5E **23**
Preston Pde. *Sea* —6A **8**
Preston Rd. *Mans* —4F **21**
Pretoria Rd. *Cant* —2H **37**
Price's Av. *Mgte* —3A **6**
Price's Av. *Ram* —3C **30**
Priest Av. *Cant* —2C **36**
Priest Fields. *H Bay* —2B **14**
Priest Wlk. *Whits* —2C **10**
Primrose Cotts. Cvn. Pk. *Whits* —6H **9**
Primrose Way. *Ches* —4C **10**
Primrose Way. *C'snd* —4E **29**
Prince Andrew Rd. *Broad* —6E **7**
Prince Charles Rd. *Broad* —6E **7**
Prince Edward's Promenade. *Ram* —4B **30**
Prince's Av. *Ram* —6B **22**
Princes Clo. *Birch* —6B **2**
Princes Cres. *Mgte* —3H **5**
Prince's Gdns. *Mgte* —3C **6**
Prince's Rd. *Ram* —1D **30**
Princess Anne Rd. *Broad* —6E **7**
Princess Clo. *Whits* —2C **10**
Princess Margaret Av. *Clift* —3D **6**
Princess Margaret Av. *Ram* —6A **22**
Princess Rd. *Whits* —2C **10**
Princes St. *Mgte* —3H **5**
Prince's St. *Ram* —3E **31**
Prince's Wlk. *Clift* —2E **7**
Princes Way. *Cant* —1D **36**
Prioress Rd. *Cant* —2D **36**
Priory Clo. *Broad* —4F **23**
Priory La. *H Bay* —4E **13**
Priory of St Jacob. *Cant* —4E **37**
Priory Rd. *Ram* —3D **30**
Promenade. *Birch* —5D **2**
Promenade. *Mgte* —2G **5**
Promenade. *Whits* —2H **9**
(in three parts)
Promenade, The. *Broad* —4H **23**
Promenade, The. *Mgte* —2A **6**
Prospect Clo. *Wgte S* —6A **4**
Prospect Gdns. *Min* —2F **27**
Prospect Hill. *H Bay* —2E **13**
Prospect Pl. *Broad* —3H **23**
Prospect Pl. *Cant* —3G **37**
Prospect Pl. *St N* —6E **17**
Prospect Rd. *Birch* —6D **2**
Prospect Rd. *Broad* —3H **23**
Prospect Rd. *Min* —3F **27**
Prospect Ter. *Ram* —3E **31**
*Prospect, The. Broad —3H **23***
(off Parade, The)
Providence Row. *Cant* —4E **37**
Puckle La. *Cant* —4G **37**
Pullman Clo. *Ram* —6C **22**
Pump La. *Mgte* —3H **5**
Purchas Ct. *Cant* —4C **32**
Pye All. La. *Whits* —4D **24**
Pyott M. *Cant* —1H **37**
Pyson's Rd. *Ram* —5C **22**
Pyson's Rd. Ind. Est. *Broad* —4D **22**

Quantock Gdns. *Ram* —4B **22**
Quay La. *S'wch* —4C **40**
Quay, The. *S'wch* —4C **40**
Queen Bertha Rd. *Ram* —3C **30**
Queen Bertha's Av. *Birch* —5G **3**
Queen Elizabeth Av. *Mgte* —4D **6**
*Queens Arms Yd. Mgte —2G **5***
(off Market St.)
Queen's Av. *Birch* —6B **2**
Queen's Av. *Broad* —1H **23**
Queens Av. *Cant* —1D **36**
Queens Av. *H Bay* —2H **13**
Queen's Av. *Mgte* —4G **5**
Queen's Av. *Ram* —1B **30**
Queensbridge Dri. *H Bay* —2A **12**
Queen's Ct. *H Bay* —3E **13**
Queens Ct. *Mgte* —2A **6**
Queensdown Rd. *Wdchu* —3B **20**
Queen's Gdns. *Broad* —4H **23**
Queens Gdns. *H Bay* —2D **12**
Queen's Gdns. *Mgte* —2A **6**
Queen's Ga. Rd. *Ram* —2C **30**
Queen's Pde. *Clift* —2A **6**
Queen's Rd. *Broad* —3G **23**
Queen's Rd. *Ram* —2F **31**
Queens Rd. *Wgte S* —5B **4**
Queens Rd. *Whits* —3H **9**
Queen St. *H Bay* —2D **12**
Queen St. *Mgte* —3G **5**
Queen St. *Ram* —3E **31**
Queens View. *Sea* —6B **8**
Querns Pl. *Cant* —2H **37**
Querns Rd. *Cant* —2A **38**
Quetta Rd. *Ram* —6H **21**
*Quex Ct. Birch —1F **19***
(off Powell Cotton Dri.)
Quex Rd. *Wgte S* —5B **4**
Quex View Rd. *Birch* —1D **18**

Radley Clo. *Broad* —1G **23**
Radnor Clo. *H Bay* —6F **13**
Radnor M. *Cant* —6H **33**
Raglan Pl. *Broad* —3H **23**
Railway Av. *Whits* —4G **9**
Railway Ter. *Mgte* —4F **5**
Ralph Grimshaw Ct. *Wgte S* —5A **4**
Ramsey Clo. *Cant* —1E **37**
*Ramsey Ho. Cant —3F **37***
(off Station Rd. E.)
Ramsgate Rd. *Broad* —4F **23**
Ramsgate Rd. *Mgte* —4H **5**
Ramsgate Rd. *S'wch & C'snd* —4C **40**
Rancorn Rd. *Mgte* —4E **5**
Randolph Clo. *Cant* —4G **37**
Randolph Sq. *Mgte* —2H **5**
Ranelagh Gdns. *Broad* —2E **23**

Ranelagh Gro. *Broad* —2E **23**
Ransome Way. *Birch* —1E **19**
Ravensbourne Av. *H Bay* —5F **13**
Ravenscourt Rd. *R Comn* —5B **32**
Rawdon Rd. *Ram* —3B **30**
Rayham Rd. *Whits* —5A **10**
Raymond Av. *Cant* —4G **37**
Reading St. *Broad* —5F **7**
Reading St. Rd. *Mgte* —4E **7**
Rebecca Ct. *Mgte* —3B **6**
Rectory Ct. *Whits* —3D **10**
Rectory Gdns. *Whits* —3D **10**
Rectory Rd. *Broad* —2H **23**
Reculver Av. *Birch* —5C **2**
Reculver Clo. *H Bay* —2B **14**
Reculver Dri. *H Bay* —2A **14**
Reculver La. *H Bay* —2C **14**
Reculver Rd. *H Bay* —4G **13**
Reculvers Rd. *Wgte S* —6B **4**
Redcot La. *Sturry* —1F **35**
Redgates. *H Bay* —2E **13**
Redgates Dri. *Whits* —3H **9**
Redhill Rd. *Wgte S* —5A **4**
Red Lion La. *Whits* —3F **9**
Redwood Clo. *Cant* —6E **33**
Reed Av. *Cant* —6A **34**
Reeds Clo. *H Bay* —3G **13**
Reeves All. Whits —4F 9
(off Middle Wall)
Regency Clo. *Whits* —6G **9**
Regency Pl. *Cant* —6H **33**
Regent St. *Whits* —3F **9**
Regents Wlk. *H Bay* —2H **13**
Remston M. *Cant* —6H **33**
Renault Clo. *H Bay* —1G **11**
Rendezvous, The. *Mgte* —2G **5**
Repton Clo. *Broad* —1F **23**
Reservoir Rd. *Whits* —3G **9**
Retreat, The. *Birch* —5F **3**
Retreat, The. *Ram* —1B **30**
Reynolds Clo. *H Bay* —3F **13**
Rheims Ct. *Cant* —1D **36**
Rheims Way. *Cant* —1D **36**
Rhodaus Clo. *Cant* —3F **37**
Rhodaus Town. *Cant* —3F **37**
Rhodes Gdns. *Broad* —1G **23**
Richard Ct. *Mgte* —3B **6**
Richardson Way. *C'snd* —3E **29**
Richborough Bus. Pk. *S'wch* —2C **40**
Richborough Rd. *Cant* —1A **40**
Richborough Rd. *Wgte S* —6B **4**
Richmond Av. *Mgte* —4B **6**
Richmond Dri. *H Bay* —3A **14**
Richmond Gdns. *Cant* —6C **32**
Richmond Rd. *Ram* —3D **30**
Richmond Rd. *Whits* —4B **10**
Richmond St. *H Bay* —2D **12**
Ridgeway. *Whits* —4B **10**
Ridgeway Cliff. *H Bay* —2A **12**
Ridgeway, The. *Broad* —4F **23**
Ridgeway, The. *Mgte* —4B **6**
Ridings, The. *Cant* —1H **37**
Ridings, The. *Ches* —4D **10**
Ridings, The. *Clift* —2E **7**
Ridley Clo. *H Bay* —6E **13**
Riley Av. *H Bay* —1F **11**
Ringold Av. *Ram* —1A **30**
Ringsloe Ct. Birch —5B 2
(off Parade, The)
Ringwood Clo. *Cant* —5E **33**
Risdon Clo. *Sturry* —2D **34**
Riverdale Rd. *Cant* —6H **33**
Riverhead Clo. *Mgte* —4B **6**
Rivers Ct. *Min* —4G **27**
Riversdale Rd. *Ram* —6A **22**
Riverside Ct. *Cant* —1F **37**
Riverside Ind. Est. *Cant* —5H **33**
River View. *Sturry* —1D **34**
Roberts Rd. *Sea* —1B **24**
Rochester Av. *Cant* —3H **37**
Rochester Ct. *Cant* —4H **37**
Rockingham Pl. *H Bay* —5F **13**
Rockstone Way. *Ram* —6A **22**
Rodney St. *Ram* —3D **30**
Roman Rd. *Ram* —5B **22**
Romily Gdns. *Ram* —5C **22**
Romney Clo. *Birch* —6E **3**
Roper Clo. *Cant* —1E **37**
Roper Rd. *Cant* —1E **37**
Rope Wlk. M. *S'wch* —4B **40**
Roseacre Clo. *Cant* —1E **37**
Roseacre Ct. *Mgte* —3E **7**
Rosebery Av. *H Bay* —2A **14**
Rosebery Av. *Ram* —6F **23**
Rose Cottage. *H Bay* —4H **13**
Rosedale Rd. *Mgte* —4A **6**
Rose Gdns. *Birch* —1D **18**
Rose Gdns. *H Bay* —3G **13**
Rose Gdns. *Min* —3F **27**
Rose Hill. *Ram* —3E **31**
Roselands Gdns. *Cant* —6D **32**
Rose La. *Cant* —2F **37**
Roselawn Gdns. *Mgte* —5D **4**
Roselea Av. *H Bay* —4D **12**
Rosemary Av. *Broad* —5F **23**
Rosemary Gdns. *Broad* —5F **23**
Rosemary Gdns. *Whits* —5A **10**
Rosemary La. *Cant* —2F **37**
Rosetower Ct. *Broad* —5F **7**
Rosiers Ct. *Cant* —1E **37**
Rossetti Rd. *Birch* —5D **2**
Ross Gdns. *R Comn* —5A **32**
Rossland Rd. *Ram* —1A **30**
Rothsay Ct. *Ram* —6F **23**
Rough Comn. Rd. *R Comn* —1A **36**
Rowan Clo. *Sturry* —2D **34**
Rowena Rd. *Wgte S* —4A **4**
Rowland Cres. *H Bay* —2A **14**
Rowland Dri. *H Bay* —5A **12**
Rowman Ct. *Broad* —2G **23**
Roxborough Rd. *Wgte S* —4B **4**
Royal Av. *Whits* —2E **25**
Royal Clo. *Broad* —3F **23**
Royal Cres. *Mgte* —3F **5**
Royal Cres. *Ram* —4D **30**
Royal Esplanade. *Mgte* —4B **4**
Royal Esplanade. *Ram* —4B **30**
Royal Pde. *Ram* —4E **31**
Royal Rd. *Ram* —3D **30**
Rugby Clo. *Broad* —2F **23**
Rumfields Rd. *Broad* —3C **22**
Runcie Ho. Cant —3F 37
(off Station Rd. E.)
Runcie Pl. *Cant* —1D **36**
Rushmead Clo. *Cant* —6D **32**
Russell Dri. *Whits* —3D **10**
Russets, The. *Ches* —4D **10**
Russett Rd. *Cant* —3A **38**
Rutland Av. *Mgte* —3B **6**
Rutland Gdns. *Birch* —6D **2**
Rutland Gdns. *Clift* —3C **6**
Rutland Ho. *Cant* —3G **37**
Rutland Rd. *Cant* —3B **38**
Rydal Av. *Ram* —2A **30**
Ryder's Av. *Wgte S* —5H **3**
Ryde St. *Cant* —1E **37**
Rye Wlk. *H Bay* —5G **13**

Sackett's Gap. *Clift* —2C **6**
Sacketts Hill. *Broad* —1B **22**
Saddlers M. *Ches* —4D **10**
Saddleton Gro. *Whits* —5F **9**
Saddleton Rd. *Whits* —5F **9**
Sail Lofts, The. *Whits* —3F **9**
St Alphege Clo. *Whits* —6D **8**
St Alphege La. *Cant* —1F **37**
St Andrews Clo. *Cant* —3E **37**
St Andrew's Clo. *H Bay* —3E **13**
St Andrew's Clo. *Mgte* —6H **5**
St Andrew's Clo. *Whits* —6G **9**
St Andrews Lees. *S'wch* —5C **40**
St Anne's Ct. *H Bay* —2C **12**
St Anne's Dri. *H Bay* —3B **12**
St Anne's Gdns. *Mgte* —5H **5**
St Anne's Rd. *Whits* —2H **9**
St Anthony's Way. *Mgte* —4C **6**
St Augustine's Av. *Mgte* —5H **5**
St Augustines Bus. Pk. *Whits* —3E **11**
St Augustine's Ct. *Cant* —2H **37**
St Augustine's Cres. *Whits* —2D **10**
St Augustine's Pk. *Ram* —3C **30**
St Augustine's Rd. *Cant* —3H **37**
St Augustine's Rd. *Ram* —4D **30**
St Bartholomews. *S'wch* —5C **40**
St Bart's Rd. *S'wch* —5B **40**
St Benedict's Lawn. *Ram* —4D **30**
St Benet's Rd. *Wgte S* —6A **4**
St Catherines Ct. *Ram* —6E **23**
St Catherine's Gro. *Mans* —6F **21**
St Christopher Clo. *Mgte* —5D **6**
St Christopher's Grn. *Broad* —2F **23**
St Clements. *S'wch* —5C **40**
St Clements Ct. *Broad* —2E **23**
St Clement's Ct. *H Bay* —4E **13**
St Clements Rd. *Wgte S* —4A **4**
St Crispin's Rd. *Wgte S* —6A **4**
St David's Clo. *Birch* —5F **3**
St David's Clo. *Whits* —6G **9**
St David's Rd. *Ram* —6F **23**
St Dunstans Clo. *Cant* —1E **37**
St Dunstan's Rd. *Mgte* —3A **6**
St Dunstan's St. *Cant* —1E **37**
St Dunstan's Ter. *Cant* —1E **37**
St Edmunds Rd. *Cant* —2F **37**
St Francis Clo. *Mgte* —5D **6**
St George's Av. *H Bay* —3A **12**
St George's Cen. *Cant* —2G **37**
St Georges Clo. *Whits* —6G **9**
St George's La. *Cant* —2F **37**
St George's Lees. *S'wch* (in two parts) —5C **40**
St George's Pl. *Cant* —2G **37**
St George's Rd. *Broad* —3G **23**
St George's Rd. *Ram* —1F **31**
St George's Rd. *S'wch* —5C **40**
St George's St. *Cant* —2G **37**
St George's Ter. *Cant* —2G **37**
St George's Ter. *H Bay* —2B **12**
St Gregory's Ct. *Cant* —1H **37**
St Gregory's Rd. *Cant* —1H **37**
St Jacob's Pl. *Cant* —4D **36**
St James Av. *Broad* —2E **23**
St Jame's Av. *Ram* —5B **22**
St James Gdns. *Whits* —5F **9**
St James Pk. Rd. *Mgte* —5C **4**
St James's Ter. *Birch* —5F **3**
(in two parts)
St Jean's Rd. *Wgte S* —6A **4**
St John's Av. *Ram* —6H **21**
St John's Ct. *Cant* —2F **37**
St Johns Cres. *T Hill* —1D **32**
St John's La. *Cant* —2F **37**
St John's Pl. *Cant* —1G **37**
St John's Rd. *Mgte* —3H **5**
St John's Rd. *Whits* —3D **10**
St John's St. *Mgte* —3H **5**
St Julien Av. *Cant* —1B **38**
St Lawrence Av. *Ram* —3B **30**
St Lawrence Clo. *Cant* —4H **37**
St Lawrence Ct. *Cant* —4H **37**
St Lawrence Ct. *Ram* —2B **30**
St Lawrence Forstal. *Cant* —4H **37**
St Lawrence Ind. Est. *Ram* —1B **30**
St Lawrence Pk. Rd. *Ram* —2C **30**
St Lawrence Rd. *Cant* —4H **37**
St Louis Gro. *H Bay* —3A **12**
St Luke's Av. *Ram* —1D **30**
St Luke's Clo. *Wgte S* —5A **4**
St Lukes Clo. *Whits* —6G **9**
St Luke's Rd. *Ram* —1E **31**
St Magnus Clo. *Birch* —5D **2**
St Magnus Ct. *Birch* —5E **3**
St Margarets Clo. *Sea* —1C **24**
St Margaret's Rd. *Wgte S* —6A
St Margarets Rd. *Wdchu* —4B **2**
St Margaret's St. *Cant* —2F **3**
St Mark's Clo. *Whits* —5G **9**
St Martin's Av. *Cant* —2H **37**
St Martin's Cvn. & Camp Site *Cant* —2C **3**

t Martin's Clo. *Cant* —2H **37**
t Martin's Ct. *Cant* —2H **37**
t Martin's Hill. *Cant* —2H **37**
t Martin's Pl. *Cant* —2H **37**
t Martin's Ter. *Cant* —2H **37**
t Martin's View. *H Bay* —6E **13**
t Mary's Av. *Mgte* —4D **6**
t Mary's Ct. *St Mil* —2E **37**
t Mary's Ga. *S'wch* —4C **40**
t Mary's Gro. *Sea* —1A **24**
t Mary's Rd. *Broad* —3H **23**
t Mary's Rd. *Min* —3F **27**
t Mary's St. *Cant* —2F **37**
t Michaels All. *Ram* —3E **31**
t Michael's Av. *Mgte* —5D **6**
t Michaels Clo. *R Comn* —1A **36**
t Michael's Pl. *Cant* —6E **33**
t Michael's Rd. *Cant* —5E **33**
(in two parts)
t Mildred's Av. *Birch* —6C **2**
t Mildred's Av. *Broad* —3G **23**
t Mildreds Ct. *Cant* —2E **37**
*t Mildred's Ct. Wgte S —4B **4***
(off Beach Rd.)
t Mildred's Gdns. *Wgte S* —4B **4**
t Mildred's Pl. *Cant* —3E **37**
t Mildred's Rd. *Mgte* —3A **6**
t Mildred's Rd. *Min* —4F **27**
t Mildred's Rd. *Ram* —3C **30**
t Mildred's Rd. *Wgte S* —4A **4**
t Nicholas Cvn. & Camping Site. *St N* —5E **17**
t Nicholas Clo. *Sturry* —1D **34**
t Nicholas Rd. *Cant* —4C **36**
t Patricks Clo. *Whits* —6G **9**
t Paul's Rd. *Clift* —2A **6**
t Paul's Ter. *Cant* —2G **37**
t Peter's Ct. *Broad* —1F **23**
t Peter's Footpath. *Mgte* —4H **5**
t Peter's Gro. *Cant* —2F **37**
t Peter's La. *Cant* —1F **37**
t Peter's Pk. Rd. *Broad* —2F **23**
t Peter's Pl. *Cant* —2F **37**
t Peter's Rd. *Broad* —2E **23**
t Peter's Rd. *Mgte* —4H **5**
t Peter's Rd. *Whits* —3F **9**
t Peter's St. *Cant* —1F **37**
t Peter's St. *S'wch* —4C **40**
t Radigund's Pl. *Cant* —1G **37**
t Radigund's St. *Cant* —1F **37**
t Stephen's Clo. *Cant* —6F **33**
t Stephen's Ct. *Cant* —6F **33**
t Stephen's Fields. *Cant* —1F **37**
t Stephen's Grn. *Cant* —5F **33**
t Stephen's Hill. *Cant* —3E **33**
t Stephen's Pathway. *Cant* —6F **33**
t Stephen's Rd. *Cant* —5F **33**
t Stephen's Trad. Est. *Cant* —6F **33**
t Swithin's Rd. *Whits* —3B **10**

St Thomas' Hill. *Cant* —5C **32**
St Thomas's Hospital. *S'wch* —4B **40**
St Vincents Clo. *Whits* —6G **9**
Salisbury Av. *Broad* —4F **23**
Salisbury Av. *Ram* —1F **31**
Salisbury Rd. *Cant* —6E **33**
Salisbury Rd. *H Bay* —2F **13**
Salisbury Rd. *Whits* —5F **9**
Salmestone Rise. *Mgte* —5G **5**
Salmestone Rd. *Mgte* —5G **5**
Saltings, The. *Whits* —3F **9**
Saltmarsh La. *Whits* —4F **9**
Salts Clo. *Whits* —4F **9**
Salts Dri. *Broad* —2E **23**
Saltwood Gdns. *Clift* —3E **7**
Sancroft Av. *Cant* —1C **36**
Sanctuary Clo. *Broad* —5F **23**
Sandhurst Clo. *Cant* —4G **33**
Sandhurst Rd. *Clift* —3F **7**
Sandle's Rd. *Birch* —6D **2**
Sandlewood Dri. *St N* —6F **17**
Sandown Dri. *H Bay* —3B **12**
Sandown Lees. *S'wch* —5C **40**
Sandown Rd. *S'wch* —4C **40**
*Sandpiper Ct. Mgte —2G **5***
(off Fort Hill)
Sandpiper Rd. *Whits* —1D **24**
Sandwich By-Pass. *S'wch* —5A **40**
Sandwich Ind. Est. *S'wch* —4D **40**
Sandwich Leisure Pk. *S'wch* —4A **40**
Sandwich Rd. *C'send* —6D **28**
Sandwood Rd. *Ram* —6F **23**
Sandwood Rd. *S'wch* —5B **40**
Sanger Clo. *Mgte* —4G **5**
Sangro Pl. *Cant* —1B **38**
Sarah Gdns. *Mgte* —5D **6**
Saras Ct. *Whits* —5E **9**
Sarre Pl. *S'wch* —5B **40**
Savernake Dri. *H Bay* —5F **13**
Saxon Rd. *Ram* —3B **30**
Saxon Rd. *Wgte S* —4B **4**
Saxon Shore. *Whits* —5E **9**
Sceales Dri. *C'snd* —3F **29**
Sceptre Way. *Whits* —6D **8**
School Clo., The. *Wgte S* —4A **4**
School La. *Bek* —6G **39**
School La. *Blean* —1A **32**
School La. *F'wch* —4E **35**
School La. *H Bay* —6E **13**
School La. *Ram* —2E **31**
School Rd. *S'wch* —4B **40**
Screaming All. *Ram* —4D **30**
Sea App. *Broad* —3H **23**
Seacroft Rd. *Broad* —6G **23**
Seafield Rd. *Broad* —3F **23**
Seafield Rd. *Ram* —2C **30**
Seafield Rd. *Whits* —2B **10**
Seamark Clo. *Monk* —3A **26**
Seamark Rd. *B'snd* —1B **26**
Seapoint Rd. *Broad* —4H **23**
Sea Rd. *Wgte S* —5F **3**
Seasalter Beach. *Sea* —6C **8**
Seasalter La. *Sea* —3B **24**
Sea St. *H Bay* —2H **11**
Sea St. *Whits* —3F **9**
Sea View Av. *Birch* —5C **2**

Seaview Cvn. & Chalet Pk. *Whits* —1E **11**
*Seaview Ct. Broad —4H **23***
(off W. Cliff Rd.)
*Sea View Heights. Birch —5B **2***
(off Ethelbert Rd.)
Sea View Rd. *Birch* —5C **2**
Sea View Rd. *Broad* —1G **23**
Sea View Rd. *C'snd* —3F **29**
Sea View Rd. *H Bay* —2G **13**
Sea View Sq. *H Bay* —2D **12**
Sea View Ter. *Mgte* —3E **5**
Seaville Dri. *H Bay* —2A **14**
Sea Wall. *Whits* —3F **9**
Seaway Cotts. *Whits* —4E **9**
Second Av. *Broad* —3G **7**
Second Av. *Clift* —2B **6**
Seeshill Clo. *Whits* —5G **9**
Selborne Rd. *Mgte* —4B **6**
Selby Clo. *H Bay* —3G **13**
Selsea Av. *H Bay* —2B **12**
Selwyn Ct. *Broad* —2F **23**
Selwyn Dri. *Broad* —2F **23**
Semaphore Rd. *Birch* —5D **2**
Semple Clo. *Min* —2G **27**
Senlac Clo. *Ram* —3B **30**
Serene Ct. *Broad* —3H **23**
*Serene Pl. Broad —3H **23***
(off Serene Ct.)
Setterfield Rd. *Mgte* —4H **5**
Sevastapol Pl. *Cant* —1B **38**
*Seven Post All. S'wch —4C **40***
(off St Peter's St.)
Seven Stones Dri. *Broad* —6G **23**
Sewell Clo. *Birch* —1E **19**
Seymour Av. *Mgte* —4B **4**
Seymour Av. *Whits* —4G **9**
Seymour Clo. *H Bay* —6F **13**
Seymour Pl. *Cant* —3E **37**
Shaftesbury Rd. *Cant* —5E **33**
Shaftesbury Rd. *Whits* —4F **9**
Shaftsbury St. *Ram* —2F **31**
Shah Pl. *Ram* —2D **30**
Shakespeare Pas. *Mgte* —3F **5**
Shakespeare Rd. *Birch* —5D **2**
Shakespeare Rd. *Mgte* —4H **5**
Shalloak Rd. *B Oak* —3B **34**
Shallows Rd. *Broad* —1C **22**
Shamrock Av. *Whits* —6D **8**
Shapland Clo. *H Bay* —4G **13**
Share & Coulter Rd. *Ches* —4D **10**
Shearwater Av. *Whits* —6E **9**
Sheen Ct. *Mgte* —3G **5**
Shelley Av. *Cant* —6A **34**
Shelley Rd. *Mgte* —1F **21**
Shepherds Ga. *Cant* —1F **37**
Shepherds Wlk. *Ches* —5C **10**
Shepherds Way. *Ches* —5C **10**
Sheppey Clo. *Birch* —6E **3**
Sheppey View. *Whits* —1E **25**
Sherriffs Ct. La. *Ram* —4C **26**
Sherwood Clo. *H Bay* —5G **13**
Sherwood Clo. *Whits* —1E **25**
Sherwood Ct. *Wgte S* —4A **4**
Sherwood Dri. *Whits* —1E **25**
Sherwood Gdns. *Ram* —6E **23**
Sherwood Rd. *Birch* —2D **18**
Shipman Av. *Cant* —2C **36**
Shirley Av. *Ram* —5E **23**

Shore Clo. *H Bay* —2H **11**
*Shore Ct. Birch —5B **2***
(off Ethelbert Rd.)
Short St. *S'wch* —4C **40**
Shottendane Rd. *Birch* —2H **19**
Shrub Hill Rd. *Ches* —6D **10**
Shuart La. *St N* —5F **17**
(in two parts)
Shuttle Rd. *Broad* —2H **23**
*Silvanus Ho. Ram —2D **30***
(off High St. Ramsgate,)
Silver Av. *Birch* —1F **19**
Silverdale Rd. *Ram* —4A **30**
Silvers, The. *Broad* —3C **22**
Simmonds Rd. *Win I* —3E **37**
Simon Av. *Clift* —3D **6**
Singer Av. *H Bay* —1H **11**
Singleton Clo. *Min* —3F **27**
Sion Hill. *Ram* —3E **31**
*Sion Pas. Ram —3E **31***
(off Sion Hill)
*Skinners All. Whits —4F **9***
(off King Edward St.)
Slades Clo. *Ches* —5C **10**
Sleigh Rd. *Sturry* —2D **34**
Sloe La. *Broad* —2B **22**
Smith's Hospital Almshouses. *Cant* —2H **37**
Smugglers Leap Pk. *Min* —1G **27**
Smugglers Way. *Birch* —5E **3**
Snake Drove. *Cant* —5F **15**
Snell Gdns. *H Bay* —3H **11**
Sobraon Way. *Cant* —1B **38**
Somerset Clo. *Whits* —6D **8**
Somerset Ct. *Broad* —3F **23**
Somerset Rd. *Cant* —2B **38**
Somme Ct. *Cant* —1B **38**
Somner Clo. *Cant* —1D **36**
Sondes Clo. *H Bay* —5E **13**
Southall Clo. *Min* —2G **27**
S. Canterbury Rd. *Cant* —4G **37**
S. Cliff Pde. *Broad* —6G **23**
South Clo. *Cant* —2G **37**
S. Eastern Rd. *Ram* —3C **30**
South Lodge. *Whits* —2G **9**
S. Lodge Clo. *Whits* —2G **9**
South Rd. *H Bay* —3E **13**
Southsea Dri. *H Bay* —3B **12**
South St. *Cant* —5A **34**
South St. *Whits* —5A **10**
S. View Rd. *Whits* —1F **25**
Southwold Pl. *Wgte S* —6A **4**
Southwood Gdns. *Ram* —2B **30**
Southwood Rd. *Ram* —2C **30**
Southwood Rd. *Whits* —3B **10**
Sowell St. *Broad* —2F **23**
Spa Esplanade. *H Bay* —2A **12**
Sparrow Castle. *Mgte* —4H **5**
Speke Rd. *Broad* —1E **23**
Speldhurst Gdns. *Clift* —2F **7**
Spencer Rd. *Birch* —5D **2**
Spencer Sq. *Ram* —3D **30**
Spencer St. *Ram* —3D **30**
Spenser Rd. *H Bay* —3C **12**
Spinney Clo. *Clift* —4E **7**
Spire Av. *Whits* —5H **9**
Spires, The. *Cant* —1F **37**

Spratling La. *Ram* —6H **21**
Spratling St. *Mans* —6F **21**
Springfield Clo. *Ram* —5E **23**
Springfield Cotts. *Bek* —4E **39**
Springfield Rd. *Clift* —2E **7**
Spring Gdns. *Cant* —3E **37**
Spring La. *Cant* —2H **37**
Spring La. *F'wch* —4E **35**
Spring Wlk. *Whits* —6E **9**
Square, The. *Birch* —6E **3**
Squeeze Gut All. Whits —3F ***9***
(off Island Wall)
Squire Av. *Cant* —2C **36**
Staffordshire St. *Ram* —2E **31**
Staines Pl. *Broad* —2H **23**
Staines Pl. *Cant* —2F **37**
Stancomb Av. *Ram* —4C **30**
Standard Av. *H Bay* —1G **11**
Staner Ct. *Ram* —1A **30**
Stanley Gdns. *H Bay* —3D **12**
Stanley Pl. *Broad* —3G **23**
Stanley Pl. *Ram* —1E **31**
Stanley Rd. *Broad* —1G **23**
Stanley Rd. *Clift* —2A **6**
Stanley Rd. *H Bay* —3D **12**
Stanley Rd. *Ram* —1D **30**
Stanley Rd. *Whits* —6F **9**
Stanley Sykes Clo. *Mgte* —5B **6**
Stanmore Ct. *Cant* —3H **37**
Staplehurst Av. *Broad* —5G **23**
Staplehurst Gdns. *Clift* —2E **7**
Star La. *Mgte* —2A **22**
Starle Clo. *Cant* —1H **37**
Station App. *Bek* —6G **39**
Station App. *Birch* —6D **2**
Station App. *Min* —4G **27**
Station App. Rd. *Ram* —1D **30**
Station Chine. *H Bay* —3C **12**
Station Pde. *Birch* —6D **2**
Station Rd. *Birch* —6E **3**
Station Rd. *H Bay* —3C **12**
Station Rd. *Mgte* —3F **5**
Station Rd. *Min* —4G **27**
Station Rd. *Pat* —6F **39**
Station Rd. *Wgte S* —4A **4**
Station Rd. *Whits* —3G **9**
Station Rd. E. *Cant* —3F **37**
Station Rd. W. *Cant* —1E **37**
Steam Packet Cotts. *Cant* —1F **37**
Stephen Clo. *Broad* —3G **23**
Stephen's Clo. *Mgte* —6D **4**
Stephen's Clo. *Ram* —1C **30**
Stephenson Rd. *Cant* —5F **33**
Sterling Clo. *Broad* —2E **23**
Steven Ct. *Ram* —4B **30**
Stirling Way. *Ram* —6H **21**
Stockbury Gdns. *Clift* —3E **7**
Stockwood Chase. *R Comn* —6A **32**
Stockwood Hill. *R Comn* —6A **32**
Stodmarsh Rd. *Cant & Stod* —2C **38**
Stonar Clo. *Ram* —6E **23**
Stonar Clo. *S'wch* —4C **40**
Stonar Gdns. *S'wch* —3C **40**
Stone Barn Av. *Birch* —1E **19**
Stone Cross Lees. *S'wch* —6B **40**
Stone Gdns. *Broad* —2H **23**
Stone Ho. *Broad* —6H **7**
Stonehouse M. *Broad* —1H **23**
Stone Rd. *Broad* —2H **23**
Stour Ct. *Cant* —2F **37**
Stour Ct. *S'wch* —4B **40**
Stour Cres. *Cant* —5B **34**
Stour St. *Cant* —2F **37**
Stour View. *Cant* —6G **33**
Stourville *Cant* —2F **37**
Strand St. *S'wch* —3B **40**
Strangers Clo. *Cant* —4C **36**
Strangers La. *Cant* —4C **36**
Strangford Pl. *H Bay* —5F **13**
Strangford Rd. *Whits* —3H **9**
Strasbourg St. *Mgte* —1A **22**
Stream Wlk. *Whits* —3F **9**
(in three parts)
Streete Ct. *Wgte S* —5B **4**
Streete Ct. Rd. *Wgte S* —5B **4**
Streetfield. *H Bay* —6F **13**
Street, The. *Acol* —4F **19**
Street, The. *Pat* —6F **39**
Street, The. *St N* —5F **17**
Stringer Dri. *Birch* —1E **19**
Strode Pk. Rd. *H Bay* —5E **13**
Stuart Ct. *Cant* —4G **37**
Studds Cotts. *H Bay* —2G **11**
Stuppington Ct. Farm. *Cant* —6E **37**
Stuppington La. *Cant* —6E **37**
Sturmer Clo. *Cant* —3A **38**
Sturry Ct. M. *Sturry* —3D **34**
Sturry Hill. *Sturry* —2D **34**
Sturry Rd. *Cant* —6H **33**
Sudbury Pl. *Wgte S* —6A **4**
Suffolk Av. *Wgte S* —6H **3**
Suffolk Rd. *Cant* —3B **38**
Suffolk St. *Whits* —5F **9**
Summer Ct. *Harb* —1C **36**
Summerfield Av. *Whits* —4H **9**
Summerfield Rd. *Clift* —3E **7**
Summer Hill. *Harb* —1C **36**
Summer La. *T Hill* —2E **33**
Summer Rd. *St N* —6E **17**
Sunbeam Av. *H Bay* —1F **11**
Sundew Gro. *Ram* —1E **31**
Sundridge Clo. *Cant* —4G **33**
Sun La. *St N* —5F **17**
Sunningdale Wlk. *H Bay* —6B **12**
Sunnyhill Rd. *H Bay* —4A **12**
Sunnymead. *T Hill* —1D **32**
Sunnyside Cotts. *Sturry* —3D **34**
Sunnyside Gdns. *S'wch* —5A **40**
Sunray Av. *Whits* —6D **8**
Sunset Clo. *Whits* —1E **25**
Sun St. *Cant* —2F **37**
Surrey Gdns. *Birch* —6D **2**
Surrey Rd. *Cant* —3B **38**
Surrey Rd. *Clift* —2B **6**
Sussex Av. *Cant* —3A **38**
Sussex Av. *Mgte* —4H **5**
Sussex Clo. *H Bay* —2H **11**
Sussex Gdns. *Birch* —6D **2**
Sussex Gdns. *H Bay* —1H **11**
Sussex Gdns. *Wgte S* —4B **4**
Sussex St. *Ram* —2E **31**
Sussex Wlk. *Cant* —3B **38**
Sutherland Dri. *Birch* —6F **3**
Swakeley Wlk. *Whits* —2D **10**
Swalecliffe Av. *H Bay* —1H **11**
Swalecliffe Ct. Dri. *Whits* —3D **10**
Swalecliffe Rd. *Whits* —3B **10**
Swale Clo. *H Bay* —4E **13**
Swallow Av. *Whits* —1D **24**
Swallow Clo. *Mgte* —5E **5**
Swanfield Rd. *Whits* —5F **9**
Swanton La. *Sturry* —1G **39**
Sweechbridge Rd. *H Bay* —4B **14**
Sweechgate. *B Oak* —1B **34**
Sweyn Rd. *Clift* —2A **6**
Swinburne Av. *Broad* —4G **23**
Swinford Gdns. *Mgte* —5C **6**
Sycamore Clo. *Broad* —3C **22**
Sycamore Clo. *H Bay* —2G **13**
Sycamore Clo. *Mgte* —6G **5**
Sydenham St. *Whits* —3F **9**
Sydney Cooper Clo. *R Comn* —6B **32**
Sydney Rd. *Ram* —1F **31**
Sydney Rd. *Whits* —5G **9**
Syndale Pl. *Ram* —2F **31**

Taddy Gdns. *Mgte* —5C **6**
Talavera Rd. *Cant* —2A **38**
Talbot Av. *H Bay* —2H **11**
Talbot Rd. *Mgte* —3B **6**
Tankerton Cir. *Whits* —2H **9**
Tankerton Ct. *Whits* —2A **10**
Tankerton M. *Whits* —2G **9**
Tankerton Rd. *Whits* —2G **9**
Tassell's Wlk. *Whits* —2D **10**
Tavistock Rd. *Ram* —6E **23**
Taylor Rd. *Min* —3F **27**
Teddington Clo. *Cant* —6H **33**
Telegraph Hill Ind. Est. *Ram* —1H **27**
Telford Ct. *H Bay* —5A **12**
Telford M. H Bay —2C ***12***
(off Telford St.)
Telford St. *H Bay* —2C **12**
Telham Av. *Ram* —1B **30**
Temple Ct. *Cant* —1D **36**
Temple M. Cant —2F ***37***
(off Stour St.)
Temple Rd. *Cant* —1D **36**
Tennyson Av. *Cant* —5B **34**
Ten Perch Rd. *Win* —4D **36**
Tenterden Dri. *Cant* —4F **33**
Tenterden Way. *Mgte* —4C **6**
Terminus Dri. *H Bay* —2H **13**
Terrace, The. *Cant* —5F **33**
Terry's La. *Whits* —3F **9**
Teynham Clo. *Clift* —3F **7**
Teynham Dri. *Whits* —3H **9**
Teynham Rd. *Whits* —3H **9**
Thanet Clo. *Broad* —2H **23**
Thanet Pl. *Broad* —1H **23**
Thanet Pl. Gdns. *Broad* —1H **23**
Thanet Rd. *Broad* —3H **23**
Thanet Rd. *Mgte* —3H **5**
Thanet Rd. *Ram* —2F **31**
Thanet Rd. *Wgte S* —4H **3**
Thanet Way. *Dar* —6A **24**
Thanet Way. *H Bay* —3F **11**
Thanet Way. *St N* —3H **15**
Thanet Way. *Whits* —3C **24**
Thanet Way Retail Pk. *Ches* —4C **1**
Thanington Ct. *Cant* —4C **36**
Thanington Rd. *Cant* —4C **36**
Third Av. *Clift* —2B **6**
Thirlmere Av. *Ram* —2A **30**
Thornden Clo. *H Bay* —3G **1**
Thornden Ct. *Cant* —4C **32**
Thornden Wood Rd. *H Bay* —6G **1**
Thorne Rd. *Min* —3F **27**
Thorn Gdns. *Ram* —6E **23**
Thorn Hill. *Ram* —2B **28**
Thornhurst. *H Bay* —3H **13**
Three Kings Yd. *S'wch* —4C **4**
Throwley Dri. *H Bay* —3A **12**
Thrupp Paddock. *Broad* —4G
Thundersland Rd. *H Bay* (in two parts) —4F **1**
Thurlow Av. *H Bay* —2G **13**
Thurston Pk. *Whits* —4G **9**
Tile Kiln Hill. *Blean* —3B **32**
Tina Gdns. *Broad* —1G **23**
Tippledore La. *Broad* —2E **2**
Tivoli Brooks. *Mgte* —4G **5**
Tivoli Pk. Av. *Mgte* —4F **5**
Tivoli Rd. *Mgte* —5G **5**
Tollemache Clo. *Mans* —5B **2**
Tollgate Clo. *Whits* —5E **9**
Tomlin Gdns. *Mgte* —6C **6**
Tomson's Pas. *Ram* —2D **30**
Tonford La. *Harb* —3A **36**
(in two parts)
Tourtel Rd. *Cant* —1G **37**
Tower Bungalows. *Birch* —5E
Tower Hill. *Whits* —2G **9**
Tower Pde. *Whits* —2G **9**
Tower Rd. *Whits* —3G **9**
Tower Way. *Cant* —2F **37**
Townley St. *Ram* —3D **30**
Trafalgar Rd. *Wdchu* —4B **2**
Trinity Ct. *Mgte* —2H **5**
Trinity Hill. *Mgte* —2H **5**
Trinity Pl. *Ram* —2F **31**
Trinity Sq. *Broad* —6F **7**
Trinity Sq. *Mgte* —2H **5**
Trotwood Pl. Broad —3H ***23***
(off John St.)
Troughton M. *Mgte* —4F **5**
Trove Ct. Ram —2F ***31***
(off Newcastle Hill)
Trueman Clo. *Blean* —1A **32**
Truro Rd. *Ram* —2F **31**
Tudor Clo. *Birch* —5F **3**
Tudor Ct. *Cant* —4C **32**
Tudor Ct. *Whits* —2A **10**
Tudor Rd. *Cant* —3E **37**
Tunis Ct. *Cant* —1B **38**
Tunis Rd. *Broad* —2H **23**
Tunstall Rd. *Cant* —4G **33**
Turnagain La. *Cant* —2F **37**
Turnden Gdns. *Clift* —3E **7**
Turner Ct. *Mgte* —3A **6**
Turner St. *Ram* —3E **31**
Turnstones Ct. Wgte S —4H
(off Westgate Bay Av.)
Two Chimneys Cvn. Pk. *Birc* —2H

vyne Clo. *Sturry* —2E **35**
demans Av. *Ches* —4C **10**
ler Clo. *Cant* —5F **33**
ler Hill Rd. *Blean & T Hill* —2A **32**
ler Way. *Whits* —2E **11**
ler Way Ind. Est. *Whits* —2E **11**
ndale Pk. *H Bay* —3F **13**
son Av. *Mgte* —4C **4**

lcombe Gdns. *Cant* —5G **33**
ster Rd. *Mgte* —5H **5**
derdown La. *H Bay* —4D **12**
derdown Pas. *Cant* —3E **37**
derground Rd. *H Bay* —3D **12**
derwood Clo. *Cant* —5G **37**
ion Cres. *Mgte* —3H **5**
ion Pl. *Cant* —1G **37**
ion Rd. *Ram* —1F **31**
ion Row. *Mgte* —3H **5**
ion Sq. *Broad* —3H **23**
ion St. *Cant* —1G **37**
ion St. *Ram* —2E **31**
ity Pl. *Ram* —2F **31**
iversity Rd. *Cant* —5D **32**
church Wlk. *Mgte* —4E **7**
lands. *Cant* —4F **33**
. Approach Rd. *Broad* —4G **23**
. Bridge St. *Cant* —2G **37**
. Chantry Ct. *Cant* —3G **37**
. Chantry La. *Cant* —3G **37**
. Dane Rd. *Mgte* —4A **6**
. Dumpton Pk. *Ram* —1E **31**
. Free Down. *H Bay* —5E **13**
. Grounds. *Cant* —5C **14**
per Gro. *Mgte* —3H **5**
per Hale. *Birch* —3A **18**
. Strand St. *S'wch* —4C **40**
ton Rd. *Broad* —2F **23**
suline Dri. *Wgte S* —6H **3**

ale Pl. *Ram* —3D **30**
le Rd. *Broad* —3F **23**
le Rd. *Ram* —3C **30**
le Rd. *Whits* —5F **9**
le Sq. *Ram* —3D **30**
le, The. *Broad* —3F **23**
kyrie Av. *Whits* —6D **8**
ley Rd. *Cant* —4E **37**
ley Rd. *Mgte* —2F **21**
uxhall Av. *Cant* —5A **34**
uxhall Av. *H Bay* —2G **11**
uxhall Cres. *Cant* —5A **34**
uxhall Ind. Est. *Cant* —4A **34**
uxhall Ind. Rd. *Cant* —4B **34**
uxhall Rd. *Cant* —4A **34**
ntnor La. *Mgte* —3H **5**
re Rd. *Broad* —3G **23**
reth Rd. *Ram* —3D **30**
rnon Pl. *Cant* —3G **37**
rwood Clo. *Cant* —6E **33**
stey Ct. *Wgte S* —4A **4**
duct Clo. *Ram* —1C **30**
arage Cres. *Mgte* —4H **5**
arage Garden. *Monk* —2A **26**

Vicarage La. *Blean* —2A **32**
Vicarage La. *S'wch* —4B **40**
Vicarage Pl. *Mgte* —4H **5**
Vicarage St. *Broad* —2D **22**
Victor Av. *Clift* —3D **6**
Victoria Av. *Broad* —5E **7**
Victoria Av. *Cant* —2E **37**
Victoria Av. *Mgte* —4B **6**
Victoria Av. *Wgte S* —6B **4**
Victoria Dri. *H Bay* —2A **12**
Victoria Pde. *Broad* —4H **23**
Victoria Pde. *Ram* —2F **31**
Victoria Pk. *H Bay* —2D **12**
Victoria Rd. *Broad* —1E **23**
Victoria Rd. *Cant* —3E **37**
Victoria Rd. *Flete* —2F **21**
Victoria Rd. *Mgte* —4H **5**
Victoria Rd. *Ram* —2F **31**
Victoria Row. *Cant* —1G **37**
Victoria St. *Whits* —3F **9**
Viking Clo. *Birch* —5B **2**
Viking Ct. *Broad* —4H **23**
Viking Ct. *Mgte* —3A **6**
Villiers Ho. *Broad* —6H **7**
Villiers Rd. *Cant* —1B **38**
Vincent Clo. *Broad* —4C **22**
Vincent Rd. *Mgte* —3E **21**
Vine Clo. *Ram* —5E **23**
Violet Av. *Ram* —5C **22**
Virginia Rd. *Whits* —5A **10**
Vulcan Clo. *Whits* —6E **9**

Wacher Clo. *Cant* —6F **33**
Waldron Rd. *Broad* —5H **23**
Walker Way. *Birch* —5B **2**
Wallace Way. *Broad* —3E **23**
Wallwood Rd. *Ram* —1F **31**
Walmer Gdns. *Ram* —4F **29**
Walmer Rd. *Whits* —5G **9**
Walmsley Rd. *Broad* —2F **23**
Walnut Tree Clo. *Birch* —6E **3**
Walnut Tree La. *W'bre* —1H **35**
Walpole Rd. *Mgte* —2H **5**
Waltham Clo. *Clift* —3E **7**
Wansum Ct. *St N* —5F **17**
Wantsum Clo. *H Bay* —2B **14**
Wantsume Lees. *S'wch* —3A **40**
Wantsum M. *S'wch* —4B **40**
Wantsum Way. *St N* —5E **17**
Wardour Clo. *Broad* —3H **23**
Warre Av. *Ram* —4C **30**
Warren Dri. *Broad* —2E **23**
Warren Dri., The. *Wgte S* —6H **3**
Warren, The. *Whits* —1E **25**
Warten Rd. *Ram* —6F **23**
Warwick Dri. *Ram* —4B **30**
Warwick Rd. *Cant* —2A **38**
Warwick Rd. *Clift* —3B **6**
Warwick Rd. *Whits* —3F **9**
Watchester Av. *Ram* —4C **30**
Watchester La. *Min* —4F **27**
Water La. *Cant* —2F **37**
Water La. *Sturry* —3D **34**
Waterloo Pl. *Ram* —2F **31**
Waterloo Rd. *Whits* —3F **9**
Watermeadows. *F'wch* —4D **34**
Waterside Dri. *Wgte S* —4B **4**

Waterways Cvn. Pk. *H Bay* —1F **15**
Watling St. *Cant* —2F **37**
Wauchope Rd. *Sea* —1B **24**
Wave Crest. *Whits* —4E **9**
Waverley Rd. *Mgte* —4D **4**
Wayborough Hill. *Min* —2H **27**
Wayfares. *S'wch* —6B **40**
Way Hill. *Min* —3H **27**
Wayne Clo. *Broad* —2E **23**
Wayside Cvn. Pk. *Ram* —3A **28**
Wealdhurst Pk. *St Pet* —2D **22**
Weatherly Dri. *Broad* —5F **23**
Weigall Pl. *Ram* —2C **30**
Weighbridge Cotts. *Cant* —1F **37**
Well Clo. *Sturry* —2E **35**
Wellesley Clo. *Broad* —4F **23**
Wellesley Clo. *Wgte S* —6A **4**
Wellesley Rd. *Mgte* —4B **6**
Wellesley Rd. *Wgte S* —6A **4**
Wellesley Ter. *S'wch* —5C **40**
Wellington Clo. *Wgte S* —4A **4**
Wellington Cres. *Ram* —3F **31**
Wellington Gdns. *Mgte* —2H **5**
Wellington Rd. *Mgte* —3F **21**
Wellington Rd. *Wgte S* —6A **4**
Wellington St. *Whits* —2F **25**
Wellis Gdns. *Mgte* —4E **5**
Well La. *Cant* —5E **35**
Wells Av. *Cant* —3H **37**
Welsdene Rd. *Mgte* —5D **4**
Wemyss Way. *Cant* —1A **38**
Wentworth Av. *Mgte* —4C **4**
Wentworth Dri. *Ram* —6A **22**
Wentworth Gdns. *H Bay* —5B **12**
West Beach. *Whits* —4E **9**
W. Beach Cvn. Pk. *Whits* —5D **8**
Westbere La. *W'bre* —2F **35**
Westbrook Av. *Mgte* —4B **4**
Westbrook Cotts. *Mgte* —4E **5**
Westbrook Gdns. *Mgte* —4E **5**
Westbrook Ind. Est. *H Bay* —2H **11**
Westbrook La. *H Bay* —2H **11**
Westbrook Promenade. *Mgte* —4C **4**
Westbrook Rd. *Mgte* —3E **5**
Westbury Rd. *Wgte S* —5A **4**
West Cliff. *Whits* —5E **9**
W. Cliff Arc. *Ram* —3E **31**
W. Cliff Av. *Broad* —4H **23**
*W. Cliff Ct. Broad —4G **23***
(off W. Cliff Rd.)
W. Cliff Dri. *H Bay* —1H **11**
W. Cliff Gdns. *H Bay* —1H **11**
Westcliff Gdns. *Mgte* —4D **4**
*W. Cliff Mans. Ram —3E **31***
(off Cliff St.)
*W. Cliff M. Broad —4H **23***
(off W. Cliff Rd.)
W. Cliff Promenade. *Broad* —5H **23**
W. Cliff Promenade. *Ram* —4D **30**
W. Cliff Rd. *Broad* —4G **23**
Westcliff Rd. *Mgte* —4E **5**
W. Cliff Rd. *Ram* —3D **30**

W. Cliff Ter. *Ram* —4B **30**
Westcliff Ter. Mans. *Ram* —4B **30**
W. Dumpton La. *Ram* —5E **23**
Westerham Clo. *Cant* —4G **33**
Westerham Clo. *Clift* —4F **7**
Western Av. *H Bay* —3B **12**
Western Esplanade *Broad* —5H **23**
Western Esplanade. *H Bay* —2A **12**
Western Rd. *Mgte* —5C **6**
Western Undercliff. *Ram* —4B **30**
Westfield. *Blean* —2A **32**
W. Field Clo. *H Bay* —5A **12**
Westfield Cotts. *F'wch* —4D **34**
Westfield Rd. *Birch* —6D **2**
Westfield Rd. *Mgte* —5D **4**
Westgate Av. *Wdchu* —3C **20**
Westgate Bay Av. *Wgte S* —4H **3**
Westgate Clo. *Cant* —1C **36**
Westgate Ct. Av. *Cant* —1C **36**
Westgate Garden Flats. *Cant* —2E **37**
Westgate Gro. *Cant* —1F **37**
Westgate Hall Rd. *Cant* —1F **37**
Westgate Ter. *Whits* —3G **9**
W. Hill Rd. *H Bay* —2A **12**
Westlands Rd. *H Bay* —4A **12**
Westleigh Rd. *Wgte S* —5H **3**
Westmarsh Dri. *Mgte* —3E **7**
Westmeads Rd. *Whits* —3G **9**
Westminster Rd. *Cant* —4A **34**
Westminster Wlk. *Ram* —6C **22**
Westonville Av. *Mgte* —4D **4**
Westover Gdns. *Broad* —6E **7**
Westover Rd. *Broad* —6E **7**
W. Park Av. *Mgte* —4D **6**
West Pl. *Cant* —1E **37**
West Rise. *Ram* —6B **22**
Westwood Ind. Est. *Mgte* —1A **22**
Westwood Retail Pk. *Broad* —2B **22**
Westwood Rd. *Broad* —3B **22**
Weyburn Dri. *Ram* —6A **22**
Wharfedale Rd. *Mgte* —4A **6**
Whatmer Clo. *Sturry* —2E **35**
Wheatley Rd. *Ram* —6C **22**
Wheatley Rd. *Whits* —3G **9**
Whinfell Av. *Ram* —2H **29**
Whitefriars Meadow. *S'wch* —5B **40**
Whitefriars Shop. Cen. *Cant* —2F **37**
Whitefriars Way. *S'wch* —4B **40**
Whitehall Bri. Rd. *Cant* —1E **37**
Whitehall Clo. *Cant* —2E **37**
Whitehall Gdns. *Cant* —1E **37**
Whitehall Rd. *Cant* —3C **36**
(in two parts)
Whitehall Rd. *Ram* —1B **30**
*White Hart Mans. Mgte —2G **5***
(off Parade, The)
White Horse La. *Cant* —2F **37**
Whitemarsh Ct. *Whits* —3G **9**

Whiteness Grn. *Broad* —4F **7**
Whiteness Rd. *Broad* —4G **7**
Whitfield Av. *Broad* —6E **7**
Whitgift Ct. *Cant* —1D **36**
Whitstable Rd. *Blean* —4B **32**
Whitstable Rd. *Cant* —6D **32**
Whitstable Rd. *H Bay* —2F **11**
Whytecliffs. *Broad* —5G **23**
Wichling Clo. *Cant* —5G **33**
Wickham Av. *Ram* —1G **31**
Wife of Bath Hill. *Cant* —2C **36**
Wigwam Paddocks. *Birch* —5E **3**
Wilbrough Rd. *Birch* —6E **3**
Wilderness Hill. *Mgte* —3A **6**
Wildwood Rd. *Sturry* —2D **34**
Wilfred Rd. *Ram* —2C **30**
Wilkes Rd. *Broad* —4E **23**
Wilkie Rd. *Birch* —5E **3**
Willetts Hill. *Monk* —2B **26**
William Av. *Mgte* —5C **6**
William St. *H Bay* —3D **12**
William St. *Whits* —3F **9**
Willoughby Ct. *Cant* —2F **37**
Willow Av. *Broad* —3D **22**
Willow Clo. *Cant* —6G **33**
Willow Clo. *Mgte* —3C **6**
Willow Ct. *Broad* —2F **23**
Willow Rd. *Whits* —2E **25**
Willows Ct. *Cant* —4C **32**
Willow Tree Clo. *H Bay* —2H **13**
Willow Way. *Ches* —5C **10**
Willow Way. *Mgte* —5E **5**
Willson's Rd. *Ram* —3C **30**
Wilton Rd. *Ram* —6H **21**
Wimborne Pl. *Ram* —1B **30**
Wincheap. *Cant* —4D **36**
Wincheap Grn. *Cant* —3F **37**
Wincheap Ind. Est. *Cant* —3D **36**
Winchester Gdns. *Cant* —4G **37**
Windermere Av. *Ram* —2H **29**
Windmill Av. *Ram* —4B **22**
Windmill Clo. *Cant* —2A **38**
Windmill Clo. *H Bay* —5E **13**
Windmill Ct. *Whits* —6E **9**
Windmill Rd. *Cant* —2A **38**
Windmill Rd. *H Bay* —5E **13**
Windmill Rd. *Whits* —6F **9**
Windmill View. *Mgte* —5A **6**
Windmill Wlk. *Ram* —6B **22**
Windsor Av. *Mgte* —4B **6**
Windsor Clo. *Broad* —2E **23**
Windsor Ct. *Mgte* —4B **6**
Windsor Gdns. *H Bay* —2H **11**
Windsor Ho. *Whits* —4F **9**
Windsor Rd. *Cant* —4C **36**
Windsor Rd. *C'snd* —2F **29**
Wingate Hill. *Harb* —1A **36**
Wings Clo. *Broad* —2H **23**
Winifred Av. *Ram* —5C **22**
Winkle Clo. *H Bay* —2H **11**
Winstanley Cres. *Ram* —1D **30**
Winston Clo. *Cant* —3A **38**
Winston Ct. *Birch* —5E **3**
Winston Gdns. *H Bay* —3H **13**
Winterstoke Cres. *Ram* —1G **31**
Winterstoke Undercliff. *Ram* —2G **31**
Winterstoke Way. *Ram* —1F **31**
Wolseley Av. *H Bay* —1G **11**
Woodchurch Rd. *Wdchu* (in two parts) —4B **20**
Woodcote *Ches* —4D **10**
Woodford Av. *Ram* —6D **22**
Woodford Ct. *Birch* —6E **3**
Wood Hill. *T Hill* —2E **33**
Woodland Av. *Birch* —1F **19**
Woodland Rd. *H Bay* —3H **11**
Woodland Way. *Broad* —4G **7**
Woodland Way. *Cant* —4D **32**
Woodlawn St. *Whits* —3F **9**
Woodman Av. *Whits* —3D **10**
Woodnesborough Rd. *S'wch* —6A **40**
Woodrow Chase. *H Bay* —6E **13**
Woodside Rd. *Sturry* —1D **34**
Woodvale Av. *Ches* —5C **10**
Woodville Clo. *Cant* —4D **36**
Woodville Rd. *Ram* —6C **22**
Woollets Clo. *H Bay* —4A **12**
Worcester La. *Cant* —3C **38**
Worthgate Pl. *Cant* —3F **37**
Wraik Hill. *York* —3D **24** (in two parts)
Wrentham Av. *H Bay* —3H **11**
Wrotham Av. *Broad* —3H **23**
Wrotham Cres. *Broad* —4G **23**
Wrotham Rd. *Broad* —4H **23**
Wye Gdns. *Clift* —3F **7**
Wyndham Av. *Mgte* —3B **6**
Wynn Ellis Ho. Whits —2G **9** *(off Tower Pde.)*
Wynn Rd. *Whits* —2A **10**

Yardhurst Gdns. *Clift* —2F **7**
Yardley Ho. *Broad* —6H **7**
Yarrow Clo. *Broad* —4G **23**
Yew Tree Clo. *Broad* —3D **22**
Yew Tree Gdns. *Birch* —6E **3**
Yew Tree Gdns. *F'wch* —4E **35**
Yoakley Sq. *Mgte* —5H **5**
York Av. *Broad* —3H **23**
York Clo. *H Bay* —3B **12**
York Rd. *Cant* —3E **37**
York Rd. *H Bay* —2B **12**
York St. *Broad* —3H **23**
York St. *Ram* —3E **31**
York Ter. *Birch* —6F **3**
York Ter. Ram —3E **31** *(off W. Cliff Arc.)*
Ypres Ct. *Cant* —1B **38**

Zealand Rd. *Cant* —4F **37**
Zion Pl. *Mgte* —2H **5**